赢利

未来10年的经营能力

李践 著

中信出版集团 | 北京

图书在版编目（CIP）数据

赢利：未来 10 年的经营能力 / 李践著. -- 北京：中信出版社，2021.6（2024.1 重印）
ISBN 978-7-5217-3224-5

Ⅰ.①赢… Ⅱ.①李… Ⅲ.①企业经营管理—研究 Ⅳ.① F272.3

中国版本图书馆 CIP 数据核字（2021）第 104693 号

赢利——未来 10 年的经营能力

著　者：李　践
出版发行：中信出版集团股份有限公司
（北京市朝阳区东三环北路 27 号嘉铭中心　邮编　100020）
承 印 者：河北鹏润印刷有限公司

开　本：880mm×1230mm　1/32	印　张：9.75	字　数：205 千字
版　次：2021 年 6 月第 1 版	印　次：2024 年 1 月第 26 次印刷	

书　号：ISBN 978-7-5217-3224-5
定　价：69.00 元

版权所有·侵权必究
如有印刷、装订问题，本公司负责调换。
服务热线：400-600-8099
投稿邮箱：author@citicpub.com

目 录

推荐序　宋志平 // V

上篇　开启企业的未来 10 年

第一章　战略设计：找到未来 10 年企业的天花板

过界：99% 的中小企业死在"略"上 // 003

战略的本末："战"是本，"略"是末 // 006

战略即标准：择高而立，做老大和做老么是一种自我选择 // 008

坏战略：小散乱与爬楼梯 // 015

好战略：一生一事，一战到底 // 019

第二章　价值创新：未来 10 年的利润从哪里来

商业的本末：价决定生死，量决定大小 // 029

成本就是战略 // 032

差异就是差价 // 036

区隔对手：标杆的痛点 = 我们的价值点 // 039

竞争路径：要么左，要么右，中间是死亡地带 // 044

抢占心智：在用户心中烙下价值锚 // 052

中　篇　未来之路：经营篇

第三章　产品战略：产品要做减法，价值要做加法

产品是战略的载体，价值是产品的内核 // 061

重新定义产品：客户到底买什么 // 062

知止：从"挖沟"到"钻井" // 066

锁定尖刀：四眼看天下 // 074

产品竞争的演进：从产品到用户终身价值 // 090

第四章　人才战略：从经营产品到经营组织

从 0 到 1 靠经营产品，从 1 到 N 靠经营人才 // 093

组织的进化：从一根草到一床草席 // 098

唯有人才辈出，才能业绩倍增 // 101

人才复制：开动人才生产线 // 109

一个样本：人才项目之"大将营" // 119

第五章　用户战略：锁定高端

钓鱼陷阱：99% 的中小企业找错了"渔场" // 127

格子圈养法：弱水三千，只取一"格" // 131

用户分类管理："价×量"标签法 // 136

员工分类管理：员工格子化 // 140

大鲸战略：从"六脉神剑"到"独孤九剑" // 145

下 篇　未来之路：管理篇

第六章　预算管理：全员目标管理

预算是卫星导航系统：先算后做，先胜后战 // 165
管理的本质：反熵增 // 170
预算是一把手工程：保证全员一杆枪 // 173
预算分工：排兵布阵 // 177
天罗地网：全员目标管理，每人一张施工图 // 182

第七章　绩效管理：人均效能倍增

激活底层驱动力：用机制驾驭人性 // 187
绩效是奋斗出来的，机制是放大器 // 191
绩效飞轮：目标×方法×检查×奖罚 // 198
目标设计：10% 底薪 +90% 绩效 + 电网 // 201
达标方法：传×帮×带 // 206
检查逻辑：高中基×两会一本 // 208
奖罚分明：奖得心花怒放，罚得胆战心惊 // 210

第八章　营销管理：定价定天下

营销 4P 的"牛鼻子"：定价是王中王 // 215
定价的两大致命陷阱 // 224
定价委员会：从个人定价到组织定价 // 230
战略定价法：卡位与占位 // 233
10 倍级增长公式 // 243

第九章　财务管理：科学决策的"魔镜"

威尼斯商人的魔咒：做大必死 // 247

老板的利润表与用户的利润表 // 251

"排雷"攻略：寻找隐藏的地雷 // 255

造血功能比利润重要 10 倍 // 259

死因盘点：杀死企业的七大杀手 // 262

财务是管理层必备的元能力 // 268

第十章　资本管理：股权价值最大化

股权是企业的第一商品 // 273

经营的一维空间：挣钱 // 274

谁丢掉了打开资本市场的钥匙 // 277

经营的二维空间：赚钱 // 281

经营的三维空间：生钱 // 286

激活股权：从玻璃到钻石 // 292

结　语　经营的金刚圈：未来 10 年必备的经营能力

推荐序

我初次听说李践这个名字，是在 5 年前。当时我正在推动深圳一家民营科技企业重组，在和那家企业负责人交流时，我发现她的企业经营管理功底很好，这让我很好奇，因为我知道她是从企业销售员起步，后来自己创业才逐渐发展起来的。当我问及她做企业的"武功"是从哪里学来的时，她笑着告诉我，她多年参加李践老师的行动教育课程，她说，李践老师的课程接地气、好懂、有用。

这次，当我读完李践的这本书稿时，我又想起了这几个关键词：接地气、好懂、有用。说接地气，按李践的话说，这本书不是写出来的，而是干出来的。李践 30 多年创业和经营的实践体会跃然纸上，其中既有他成功的经验，也有他遭受挫折的教训，一切都那么真实和真切。说好懂，其实这也非常重要，书中的故事引人入胜，归纳的道理简单直白，让人看得进、喜欢读。说有用，就是书里有不少"功法"。像"择高而立"定战略,像"窄而深"做业务,像归纳的经营大法"金刚圈",这些都是李践自我操练的功法,企业家自然就觉得学起来有用、有效。

这本书是李践多年来创业和经营企业的系统思考与总结,其中有不少闪光的观点和经营之道,应该说李践的实践是扎实的,思考是深刻的。书中讲的故事和道理看似大多是经营管理的常理,但恰恰是这些常理常被人忽视和忘记。而且我从来以为做企业并不复杂,只要我们依照正确的原则去做就可以了,这件事从来也不需要那些高深莫测的道理。李践从自己的实践出发,以自己的亲身体会为大家演绎了企业经营的逻辑,他仿佛又回到了跆拳道的道场,一招一式地表演给大家看。他讲的故事是真诚的,他讲的道理是朴实的。我相信,对今天许许多多的创业者来讲,他的这套"金刚圈"是有益的。

李践讲课也很有功夫,他可以一口气讲三天,同时还留两个晚上给大家答疑,连续三天两夜给学员讲课,那是怎样的精力和激情,这可能与他以前练跆拳道的底子和他身上那种做事执着的精神有关。不少行动教育的企业家"校长"也深受他的影响,大家被他充电和赋能,都带着满满的正能量和精气神。正像他在书的末尾讲的那样,创造力、付出、爱、奉献才是奋斗人生的本质,对这一点我深以为然。

李践在书中多次用云南过桥米线做比喻。这也让我回忆起2020年国庆期间我和陈春花老师一同去云南白药调研,刚下飞机,我们就每人吃了碗热腾腾的过桥米线,碗之大、味道之美,让我很难忘怀。李践说,做企业也像做过桥米线,看似简单,其实并不简单,衡量过桥米线质量高低的不是你,而是你的客户。我觉得这可能是李践在经营中的禅悟。

企业家教育是继续教育和实践教育,商学院应该是一个企业家教学相长的平台。李践开办的行动教育就是这样一个平台,在这所商学院里,每位企业家学员都被称为"校长",大家共同学习、深度互动。我觉得这回归了商学院创办的初衷,由企业家教企业家。其实,这么多年来,我始终提倡商学院的老师要深入企业,增加企业的阅历,我也提倡多请些能讲课的企业家上讲台。在这一点上,商学院应该向医学院学习,医学院的老师往往是把教学和临床结合起来的。在我了解了行动教育商学院后,我觉得这正是我们理想的商学院。李践的目标是打造世界一流的实效型商学院,我认为他的定位是精准的,也希望更多的商学院重视经营教学的实效。

记得2020年10月,《管理世界》杂志曾就企业需要什么样的研究的问题向我约稿,我写了篇文章,我认为研究应该针对企业的问题,这些研究成果应该让企业家看得懂,不适宜过于学术化,因为毕竟企业管理是一个实践过程。今天我在为李践的书写推荐序时又想起了这件事。在40多年的改革开放中,我们大多是读着西方人的经管著作过来的。西方人的书分三种:一种是理论性的,像明茨伯格的书;一种是实践归纳性的,像柯林斯的书;还有一种是企业家写的感悟和传记类的,像稻盛和夫的书。坦率来讲,中国的企业家更喜欢企业家写的书。如今是中国企业时代了，中国企业家也应多写一写自己的感受和故事，大家互相交流、取长补短，而李践的书就是这样一本企业家写的书，我相信大家会喜欢这本书。

2021年4月，李践的行动教育在上海主板上市了，我也受邀出席了敲锣仪式。我以过来人的身份向李践讲了我当年上市后的体会——"上市妙不可言，也苦不堪言"，因为上市把企业带入一个新的参照系，今后衡量企业的不光有员工和客户，还多了双投资者的眼睛。但我相信，这位曾经在跆拳道赛场练过身手，在市场中拼搏30多年的企业家，一定会在新的赛场上取得优异成绩。我衷心地期待着。

宋志平

2021年6月4日

上　篇

开启企业的未来 10 年

第一章

战略设计：
找到未来 10 年企业的天花板

过界：99% 的中小企业死在"略"上

假设今天你刚刚从云南来到上海，在街边看见一家店铺正在出租，于是你打算投资 100 万元开一家过桥米线店。请问，像这样的小生意需要战略吗？通常情况下，大部分人会回答：需要。但是，如果进一步追问，企业为什么需要战略，有战略和没有战略的企业究竟有什么差别，我相信大部分人回答不出所以然来。

要回答这个问题，首先要回到战略的定义。"战略"一词来源于战争领域，这导致很多人把战略理解得非常宏大，认为战略是大企业才需要考虑的问题。实际上，任何一家企业，无论规模大小，都必须思考战略。因为对企业来说，战略首先是确定企业的方向和边界：做什么，不做什么。

什么是战？从文字结构来看，"战"可以拆解为"占"和"戈"："占"是占领，"戈"是战斗。也就是说，战是通过战斗占领一个制高点，"战"首先解决的是"做什么"的问题。除此之外，战还要解决标准的问题：你要抢占什么样的制高点呢？所以，战代表的是你未来的样子。

什么是略？这个略不是方略，而是省略。换言之，略是选择不做什么。从我们的微观观察来看，今天大多数中小企业恰恰死在"略"上——它们没有边界感，做了太多不该做的事情。

就像上文中的过桥米线店，经过注册公司、装修、招聘厨师、采购原材料……一番忙碌以后，这家过桥米线店开张了。没过多久，你发现过桥米线店的生意不太好，上海人似乎不太喜欢吃过桥米线，这个问题怎么解决呢？观察了半天，你发现隔壁的面条卖得不错。于是，你在菜单上加上了面条。所以，很多中小企业边界不清，它们的逻辑是乱的，为了生存饥不择食。除了面条，你还恨不得在菜单上加上油条、饺子、馄饨……

你不知道的是，这种贪欲最终会害死自己。从短期来看，你什么都做，似乎能最大限度地满足不同客户的需求；但从长期来看，你什么都做，这家企业就死定了。因为客户买的不是多，客户买的是好。你必须站在客户的角度思考这个问题。谁能代表好呢？行业第一。更直白地讲，客户买的就是第一。

商业的竞争本质上就是奥运会，每一个创业者都是商场上的运动员。竞争的最后格局，取决于谁能在这个专业领域拿到金牌。当以终为始来看待经营企业这件事时，你会发现商业的终点：第一就是终点。无论你选择卖过桥米线还是卖面条，这些都不是重点，关键是你要成为一个专业领域的第一，你要拿到金牌。因为竞争的格局，最后取决于谁是第一。

如果你是做过桥米线的企业，那么你必须先把过桥米线做到第一。如果越过过桥米线的边界去做面条，这家企业基本就完蛋了。表面上看，越过边界能增加收入，但这家企业给用户的心智标签就是过桥米线。即便这家企业把面条做出来了，最多也就能卖几个月。最初可能热闹一下，收割一拨铁杆"粉丝"。但是，最后你必定竞争不过那些专注于做面条的企业。

以我们自己为例，行动教育上市以后，经常有朋友打电话问我们："我们也做教育的板块，听说你们在主板上市了，我们能不能合作？"我们的答案一定是：不做！因为行动教育聚焦于企业家教育，这个领域以外的事情一律不做，至少10年之内不会做。

术业有专攻，这个道理大家都不陌生，那么为什么99%的人知道却做不到呢？因为人性喜欢多做，人性贪多求全。商业的世界天高任鸟飞，市场不会限制你，工商局也不会限制你，但"杀死老板的第一把刀"是自己的贪婪和不知边界。企业最大的失误就是做了不该做的事，一旦方向跑错了，就要折回来再跑，这个过程浪费的时间和资源不计其数，最后导致企业投入过多、产出过低。

因此，企业要学会取舍，战略要克服贪欲，舍九取一。企业家必须清楚自己的边界：做什么，不做什么。这就好像一个人看到自己的面前出现了两只又肥又大的兔子，他两只都想抓。

但是，他忘记了：想抓这两只兔子的人非常多，竞争十分激烈，抓到一只兔子都很不容易。如果你两只都想抓，那么一旦所有资源分兵作战，最后就连一只也抓不到。所以，战略就是要有所为，有所不为。

一个典型的案例来自我们的一位企业家学员。这位学员在四川经营着一家种子公司。2015年之前，这家公司经营的种子品类包括花生、油菜、小麦、玉米、水稻……几乎涵盖所有的农产品品类，最后发现，公司营业额不高，工作量却挺大。因为产品种类太多了，质量问题时有发生。上完我们的课以后，这家公司开始做减法，只专注于做水稻种子，而且只聚焦于两三类最好的品种。令人意想不到的是，从此以后，公司业绩每年都能实现翻番。类似这样的案例在每一期课程的分享环节都能听到许多。

真正的企业家一定是懂边界、懂取舍的，知道什么能做、什么不能做。因为如果企业的"略"做不好，未来就"战"不起来。真正的战略高手对外在的干扰能保持绝对的定力。这种定力要强大到什么程度呢？一生一事，一战到底。

战略的本末："战"是本，"略"是末

如前所述，大部分中小企业通常死在"略"上。物有本末，事有先后。"战"与"略"到底哪个更重要？我一度认为，"略"比"战"重要。然而，随着对这个问题的深入思考，我发现这个答案是错的。实质上，"战"比"略"重要。因为一旦企业没

有"战","略"就会来害你。

为什么"略"会来害你呢？因为"战"是方向，是目标牵引。当"战"的目标不清晰或者不高远时，你很难坚守自己的初心。当你遇到障碍时，你就容易摇摆，这时人性中的贪婪和趋利避害就会诱惑你越过边界，诱惑你通过转换赛道等"捷径"解决问题。实质上，这些所谓的"捷径"都是最终害死你的大坑。所以，从表面上看，99%的中小企业死在"略"上，实际上，"略"不好的根源在于"战"没做好。"略"只是害死企业的直接原因，而"战"才是导致企业死亡的根本原因。也就是说，这些企业"略"不好只是表象，而"战"不好才是本质。正是由于企业家没有做好"战"，企业才容易被"略"害死。

什么是战略？简而言之，战略是从A点到B点。战略设计就是要设计B点——企业未来的样子。这个未来是多少年呢？越远越好！因为B点本质上是企业家的信念、企业的远期目标，是企业10年、50年甚至100年后的样子。更确切地说，战略是一位企业家对自己这份事业的信仰，其关乎整个组织所有人的命运。

B点是经营的起点，是企业一以贯之的发展和资源投入的方向，所以B点必须非常清晰。一旦B点不清晰，遇到障碍时你就会转型，就会出现上面案例中的情景：你本来经营的是一家过桥米线店，但是由于没有清晰的B点，你一会儿往东，一会儿往西，一会儿向南，一会儿向北，最后你一直在原地绕圈圈，永远也到达不了成功的彼岸。一旦你开始绕圈圈，企业很快就会亏损。因为你的人力、物力、财力以及注意力都会从主航道转移到其他赛道，最后导致企业投入过多、成本过高，所有产品却都没有竞争力，这种企业怎么可能活下来呢？

实质上，当企业生意不好时，你要做的不应该是在边界上跳来跳去，而是反省自己的用户价值做得够不够：你的过桥米线品质好不好？你的创新够不够？你的价值高不高？这时，企业真正需要做的是"死磕"用户价值。但是，你没有去做这件事情，反而想通过转换赛道解决核心价值问题，这就是你最大的失误。

因此，从本质上看，"战"是"略"的基准线，有了"战"的牵引，企业家才知道如何做好"略"。换言之，没有"战"，就没有"略"。道生一，一生二。"战"是一，"略"是二。

如果"战"的终点不清晰，再加上人性的急功近利以及机会导向，就会导致企业容易被"略"害死；同样地，如果"战"的终点不高远，企业很容易就能达成，也会让企业频繁转换赛道，导致企业做不好"略"。只有"战"的终点又高又远，才能牵引企业一直在这条路上走下去，无暇顾及其他，直到达成高远的战略目标。所以，在战略设计中，"战"是本，"略"是末；"战"是因，"略"是果；"战"是一，"略"是二。如果企业设计不好"战"，那么企业的"略"一定做不好。

战略即标准：择高而立，做老大和做老幺是一种自我选择

具体来讲，战略应该如何设计呢？根据多年的实践验证，

我们找到了一套非常有实效的方法，它分为以下几个步骤（见图 1-1）。

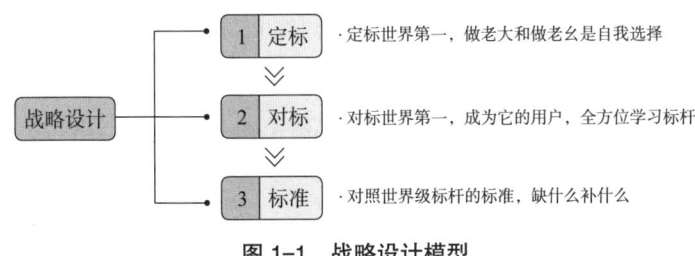

图 1-1　战略设计模型

第一步：定标

战略是设计一个企业家的未来：未来你想飞多高，飞多远？企业战略一定要高远。

为什么战略一定要高远？因为战略本质上就是标准，战略就是资源的配置。战略不是告诉你未来怎么做，而是告诉你今天怎么做，你才能成为未来你想成为的样子。假设你在上海松江区经营一家过桥米线店，那么从第一家店开始，你是选择做一家松江级、上海级、中国级还是世界级的过桥米线店呢？如果让我来做，我一定会选择世界级。

为什么要选择世界级？我要告诉你一个秘密：做大事和做小事是一样的。事实上，无论你选择做老大还是老幺，从选择做过桥米线店的那一刻开始，你都需要装修店铺、物色厨师、采购原材料、招聘服务员、研发产品、找客户、定价、做管理……所有经营过桥米线店的流程，一个环节都不会少。无论你选择做大还是做小，商业的本质是不变的。即便你只是一个个体户，商业的逻辑也是一样的，同样需要布局人、财、物、产、供、销……最后你会发现：做世界第一的过桥米线店和做老幺的过桥米线店，都要花一样的时间、走一样的流程，差距不会太大，结果却千差万别。

为什么选择松江级，最后的结果一定不好呢？一切皆因果。因为你鼠目寸光，战略目标不够高远。很多人的企业永远做不大，就是因为格局太小。古人云："不谋万世者，不足谋一时；不谋全局者，不足谋一域。"事实就是如此，一旦你站得高，你就有了全局思维，一览众山小；一旦你站得高，你就能坚守长期主义，因为你能看到别人看不到的，你的角度与众不同。因此，战略一定要高远，只有B点又高又远，企业家才有大格局，才能一眼看穿。企业家首先要做的就是打开格局，胸怀伟大梦想，找到伟大使命，立志通过奋斗创造一个有无限可能的未来。

有经济学家预测，未来10年中国一定会成为全球第一大经济体。这也就意味着：未来10年，中国会有许多企业跨入世界级一流企业的行列。即使在今天，放眼望去，所有行业的竞争也已然是全球化竞争：咖啡、汉堡、炸鸡、服装……衣食住行的方方面面都面临着全球化竞争。作为经营者，你必须深刻地理解这场竞争的本质：在这场全球化竞争中，用户根本不关心你是黄皮肤还是白皮肤，用户关心的是自己的利益。在选择产品的时候，用户的选择逻辑只有一个：选择最好的产品。

好的背后意味着什么？标准高。用户决策时参考的是产品标准、服务标准、设计标准和工艺标准……这就一针见血地指出了很多人认知上的误区：他们误以为战略是方向。实质上，战略不仅仅是模糊的方向，它比方向更加具象和落地，因为它意味着我们选择的标准。如果你想做世界第一的过桥米线店，那么你就要把过桥米线店的标准做到最高，做到让用户尖叫，让用户体验远远超出预期。

反之，如果你没有设定做老大的目标，你就不会对自己有高标准、严要求，最后你自然而然就会做小。所以，只要你没有选择成为老大，你就很容易变成老幺。如果你没有选择做大事，自然就会变成做小事，这是你的一种自我选择。

商海沉浮36年，我前后历经三次创业，每次都能小有所成，与我在创业之初就定下第一的目标是密不可分的。比如，刚刚踏入广告业时，我还不懂如何运营一家广告公司，但我先给自己定下了一个大目标——10年内要成为行业内的中国第一。因为我的跆拳道师父曾对我耳提面命："要么做第一，要么就别做。不做，你不会有损失，但是做了，你就一定要做第一。因为一金胜过十银！"

无论是阅读商界巨擘的传记，还是与身边优秀的企业家交流，我发现几乎所有成功人士都有一个共同的信念：他们通常在一无所有时就立志成为第一，他们从企业"出生"开始，就想要将这个"婴儿"打造成真正的世界级品牌。同样地，我们在服务行动教育的十几万企业家时发现，十多年过去了，那些真正能够成长起来的企业，首要基因是创始人本身就胸怀大志。无论做什么行业，都要争做第一。

2020年5月,麦肯锡公司发布了一份名为《快进中国:新冠疫情如何加快五大经济趋势》的研究报告。在这份报告中,麦肯锡披露了一组令人触目惊心的数据:中国企业一直有明显的头部效应。这种头部效应有多严重呢?头部10%的企业获得了大约90%的总经济利润。在世界其他地区,这一比例约为70%。而且,中国头部企业占据绝对领先优势,其资本回报率达14.6%,是市场平均水平(6.8%)的两倍以上。这还不是最可怕的,更可怕的是头部以下,腰部缺失,大量尾部企业生存困难……

随着马太效应的加剧,我们判断未来在大部分行业里,你根本都没有机会做小。也就是说,如果未来10年无法在某个细分领域成为头部企业,你就可能面临被市场淘汰的厄运。所以,企业家应该尽早考虑做大,一开始就要定标世界第一。

第二步:对标

定标完成以后,你就要开始对标了。一旦有了世界第一的目标,那么你在对标时,眼光就不会局限在井里,你马上会想到:世界第一的标杆在哪里,美国、欧洲、日本还是中国?一旦找到这个世界第一,你要疯狂地向它学习。

如果你要做汉堡,就要对标麦当劳;如果你要做咖啡,就要对标星巴克……向标杆学习的最佳方式,就是成为标杆的用户。如果你的企业是做咖啡的,那么你就要去喝星巴克的咖啡,去研究它的咖啡豆、它磨豆的机器、它的店面装修、它的员工……所有的细节都要疯狂学习。除此之外，你还要找到它的供应商。它的供应商是谁？你要向它的供应商请教：为什么要这样设计？为什么要这样思考？……总而言之，你要全方位地向它学习。

事实上，不管做什么事情，你一定要找到一个样板。这个样板是什么？它就是指引我们在黑暗中前行的明灯，这盏明灯就是我们的标杆，而且它的灯光一定非常耀眼。因为它是世界第一，无人不知、无人不晓。所以，你要敬畏标杆，它们是了不起的对手，它们是世界第一的公司，它们是你的未来。

我自己是跆拳道教练出身，在我的血液中流淌着一套教练的逻辑：要想成为世界顶级的跆拳道大师，最高效的方法就是向世界级的跆拳道教练学习。一个好的行业标杆，不仅是你的最佳教练，还能为你提供一套可供学习的标准。今天的竞争已经是全球化竞争，经营者一定要有全球思维，要有未来思维。你定的目标和标杆一定要高远，一眼就瞄准当今世界最前沿的那个位置，系统地学习它们的最佳经验。

第三步：标准

通过全方位的标杆学习，你就找到了标准——人、财、物、产、供、销等所有标准。你对照世界级标杆的标准，就能发现自己的不足。然后，缺什么补什么。请注意，这个标准永远都没有完美的那一天，永远都要去创造。

企业家的逻辑是什么？我是一切的创造。请仔细看完这句话，这个世界上所有的企业都是企业家创造出来的。这个世界上本没有苹果手机，是乔布斯创造了苹果手机；这个世界上本没有福特汽车，是福特创造了汽车；这个世界上本没有麦当劳，是麦当劳兄弟创造了麦当劳……

战略本质上是一种基因选择。如果你选择飞万米，你就是雄鹰；你选择飞千米，你就是大雁；你选择飞百米，你就是麻雀；你选择飞十米，你就是苍蝇。我命自立，所有的一切都是你选择的结果。所有的失败都是创始人自己造成的，失败源于你的无知，源于你的格局太小。如果你选择成为雄鹰，你就可以活 70 年；如果你选择成为大雁，你就可以活 20 年；如果你选择成为麻雀，你就可以活 10 年；如果你选择成为苍蝇，你就只能活几个月。

你是选择做飞万米的雄鹰，还是选择做飞十米的苍蝇？这是一种基因的自我选择。你的选择决定了你的生命力。想要活得久，你就必须飞得高。实际上，一家企业之所以做不大、活不长，就是因为基因选错了。

选择做老大和做老幺的流程是一样的，为什么结果会千差万别呢？就是因为老大和老幺的标准不同。苍蝇有苍蝇的标准，麻雀有麻雀的标准，大雁有大雁的标准，雄鹰有雄鹰的标准。一旦创始人选择了雄鹰的基因，他就不会再去羡慕麻雀了。如果他要做雄鹰，他就不能用麻雀的标准。因为鹰就是鹰，基因完全不一样。

不同的标准背后意味着什么？资源配置不一样，结果就会不一样。尽管现在你只是在街边开一家过桥米线店，但这家店一"出生"就应该是世界第一的标准，它要选择第一的装修、第一的选址、第一的厨师、第一的配料、第一的供应商、第一的品质、第一的管理……万丈高楼平地起，虽然这家小店要经历从小到大的蜕变，但是一"出生"对它的目标设定就不能低，一开始就要用第一的标准。如果你没有格局，就没有第一的追求，就不可能打造出真正的核心竞争力，因为最终决定事业高度的底层因素是企业家的格局。

因此，战略的本质是什么？标准。战略是一种基因选择。要想成为世界第一的雄鹰，你就必须以世界第一雄鹰的标准来要求自己。接下来，根据世界第一雄鹰的标准来配置资源，缺什么补什么。好战略就是高标准，高标准意味着更高的资源配置。在这个高标准设计出来以后，所有的一切都定下来了，人、财、物、产、供、销等所有资源都要围绕这个高标准配置。

实际上，人与人之间的差距是由标准决定的，你选择用什么样的标准要求自己，就会成为什么样的人。同样地，公司与公司之间的差距也是由标准决定的。你想成为世界第一，你就必须用世界第一的标准要求自己。你选择什么样的标准，就会做出什么标准的产品；你选择什么样的标准，就会吸引什么标准的客户……你的标准决定了你的终局！

坏战略：小散乱与爬楼梯

理解了战略是一种基因选择，现在再反过来看：什么是坏战略？从对企业的观察来看，企业通常会出现两种典型的坏战略：小散乱与爬楼梯。

小散乱

实质上，这三个字是一套连锁反应。为什么会小？因为战略目标短浅。你只看到了今年和明年，看不到未来10年、50年甚至100年。实际上是你自己选择了成为一只苍蝇，一旦你选择苍蝇的基因，你就会坐井观天、孤陋寡闻。

一旦企业的战略目标短浅，就会越做越散。今天做过桥米线，明天做面条，后天做馄饨。战略一旦左右摇摆，你就会像无头苍蝇一样，东一拳西一脚。这些都会造成资源浪费和时间浪费。回想起我们自己创业的头10年，也是失误在这里。当你的战略不清晰时，遇到障碍你就会转型，转型就会导致企业越做越散。散带来的结果一定是乱。因为你的资源不够，人力、物力、财力和时间完全不够。所以，"小—散—乱"是连锁反应。

为什么这些企业战略目标短浅，不敢定高远的目标呢？很多人告诉我们："我有很多局限，我没有钱，没有人，没有资源……"这就是典型的小市民思维。

什么是小市民思维？以现有的资源来计算未来的盘子。真正懂战略的企业家不会这样思考问题，他一定是以未来的战略来决定现有资源的优化配置。所以，他会反过来想：如果未来10年我要做到世界第一，我需要整合哪些资源，以什么样的标准去做这件事？紧接着，基于他的终极目标重新规划现有资源，缺什么补什么。

事实上，任何一家企业都是从无到有的。马云创业时有什么？乔布斯创业时有什么？任正非创业时有什么？我李践创业时又有什么？任何伟大的企业都是从"三无"企业开始做起来的，都是从与其远大目标极其不相称的资源开始起步的。

因此，真正的问题还是你的战略目标短浅，并且你还找借口来掩盖你的无能，这就导致你根本没有未来。事实上，你真正缺的不是人，不是资源，你缺的是胸怀和格局，缺的是实现高远目标的企图心。如果你都没有想到要高要远，那么你怎么可能做到呢？所以，你必须重新站高一线，真正立下做一番大事业的雄心。

我们一直相信"相信"的力量，伟大的梦想本身就是一种巨大的生产力。正如德国哲学家马克斯·韦伯所言，任何一项伟大事业背后，必须存在着一种无形的精神力量。战略中最有价值和力量的，其实是企业家自身那种坚定、执着的信念：我是一切的根源，我是一切的创造。不管是定战略还是定标准，关键是我们想要什么东西，我们会按照自己的标准去设定团队的标准，团队的标准也会因企业家自身的改变而去提升。无论遇到任何困难，企业家内心始终有一团不灭之火。

如果没有这团火，企业家就不可能有战略定力，他会找借口排斥和逃避，最后会被裹挟着往前走。在被裹挟的过程中，由于自身的焦虑和不坚定，他很容易被别人诱惑。当他看到别人赚钱时，人性中的贪婪就会发酵，最后导致企业走向多元化。

接下来，企业的投入扩大了，资源却又散又乱，哪个业务都无法拿到"金牌"，最后企业就稀里糊涂倒闭了。

爬楼梯

一位上海松江区的企业家告诉我们："我给企业定的目标是3年做到松江第一，5年做到上海第一，10年做到世界第一。现在我们要先按照松江第一的标准来做，对吗？"

不对！好战略是以终为始，起点就是终点，起步就要与世界同步。你要站在未来看现在，要围绕世界级标准去做资源布局，标准会引领一切资源配置。因此，企业起步即终点，一开始你就要以世界第一的标准来要求自己。否则，别说世界第一，你可能连松江第一都做不到。

今天的竞争是全球化竞争，标准一旦降低，就意味着你选择了苍蝇的基因。当你的基因是苍蝇时，后面怎么可能变成雄鹰？基因的蜕变太难了。所以，战略设计不需要蜕变，它首先是一种选择。如果你选择做雄鹰，从起步开始，你就是雄鹰的标准，只不过你今天还是一只雏鹰而已。

这个道理很简单，创业就像跑马拉松，那些比你强大的企业已经提前跑了几十年，如果你起跑速度不快，永远也不可能赢得这场比赛。所以，一旦你选择参赛，你一开始的标准就要定得高，以第一名的标准要求自己。甚至当你达到第一的标准时，你还要定下超越第一的标准，打破标准，这样才有可能后发先至。

好战略：一生一事，一战到底

什么是好战略？好战略的制定必须遵循以下原则：以终为始；择高而立；一生一事，一战到底。实质上，这些原则本身也是一以贯之的。

以终为始

我在阅读《孙正义传》时，被一个细节打动。一次，孙正义找到他最信任的战略专家三木，请他制定公司300年的战略。听到这个要求，你可能会哑然失笑，这不是瞎胡闹吗？但是，孙正义坚持这么做，因为他相信：越是迷茫的时候，越要看得远。他告诉自己的团队：以30年为单位思考问题，就必然无法看到有些东西。所以，先想一想300年后是什么样，然后倒推出30年后不就行了。

孙正义的逻辑是什么？以终为始。阿里巴巴前总参谋长曾鸣曾经也说过一句类似的话：从终局看布局就是有战略，而从布局看终局就是没有战略。

今天很多企业表面上天天谈战略，实际上它的思维方式根本不是战略思维。真正的战略思维不是站在现在看未来，而是站在未来看现在。战略思考中最核心的是远见。你站得越高，看得越远，你的格局就越大。一旦你看到了终局，路径规划就清晰了，资源布局也出来了。这就好比导航软件只要你输入起点和终点，就能为你规划出清晰的路线图。

所以，制定一个好战略的第一步就是以终为始。你要找到自己的终点到底是什么。未来 10 年、50 年、100 年，你将要成为谁？所有的出发点都是基于未来的，以终点为起点。

经营企业 30 多年，这种思维方式在我的头脑中已经根深蒂固。在我个人看来，以终为始甚至可以上升为一种哲学。不仅仅是经营企业，要做好任何事情，都要先思考终点。一旦终点清晰了，接下来如何合理配置时间和空间资源的问题就迎刃而解了。毕竟，对每个人来说，时间和空间资源都是有限的。每人每天只有 1 440 分钟。即便再有钱的公司，资源也不可能取之不尽，用之不竭。因此，一旦有了清晰的目标，你就会善用你的时间和空间资源，使之价值最大化。

择高而立

既然未来的竞争是全球化竞争，只有第一才会赢得用户的心，那么，以终为始来看，你为什么不做第一？既然做大事与做小事的流程和花费的时间是一样的，你为什么不选择做大事呢？因此，好战略一定是择高而立的。而战略的本质是标准，标准引领全局。标准不是一件事情，而是决定了后续所有事情，所以标准一定要择高。

可能有人会质疑："我刚刚创业，没有钱，没有资源……我什么都没有，哪有什么世界第一的标准，我做不到！"但我们要告诉你：如果做不到，你就会重做。只要没有这种思维，最后现实就会让你推倒重来。过去我自己创业东一榔头、西一棒子，其实那都是资源的浪费。现在我知道了：世界上只有一种标准——世界第一的标准,这就是胜利的标准。商业的本质就是标准,企业与企业之间的竞争就是标准的竞争。

如果你不能从第一的标准出发,没有做雄鹰的高远目标,未来一定活不久。麻雀终究只会东奔西闯,而雄鹰会择高而立,万仞之上推千钧之石,麻雀根本无法与之抗衡。因为雄鹰走的第一步就是终局的标准,起步就是终点。

一生一事,一战到底

我们观察到很多老板之所以茫然,一是因为没有以终为始的思维方式。终点是最本质的东西,正因为缺乏清晰的终点,他们做事情就容易失去焦点。二是因为企业的战略目标太小,太容易达成。实际上,目标越大,标准越高,自己才越不容易被诱惑、被干扰。如果你以世界第一作为标准,那么最终只能是一生一事,一战到底。

做企业 30 余年,我们深知民营企业家的不易,这是环境使然。但是,要应对经济新常态下的挑战,关键还在于企业家自身。所有的障碍都是思维的障碍,民营企业家需要改变原有的思维,必须有长远的、可持续性的规划。比如,你想把过桥米线做到世界第一,有了这种长远的、可持续性的规划,你就会专注于研究过桥米线,就会静下心、沉住气,每天思考如何做好过桥米线,口感、品质等如何去提升……规划长远才不会被一波波浪潮裹挟着走,才不会为以投机为导向的行为改变正确行驶轨道,才不会被蝇头小利、短期诱惑干扰,才能踏踏实实做好每一个细节,这就是"工匠精神"。

《后汉书》中有一句话:"天地之功不可仓卒,艰难之业当累日月。"这句话的意思是,创建天地那样大的功业,不可能仓促完成;艰难的事业应当逐日积累,才能成功。要做出一碗世界级过桥米线,这可能要耗尽你一生的时间和精力,甚至这一生也来不及完成这个高远的目标。这个时候,你就不会想着去干别的事情。最后,企业家必然会找到自己一生的使命,一生一事,一战到底。

我们遇到过不少做了二三十年企业的老板,时至今日还在看风口、换赛道。如果刚刚创业,你去找风口,这完全可以理解。但是,如果你已经做了数十年企业,那么那个风口和你有什么关系呢?做企业天天都有风,顺风无非就是走得快一点儿,逆风同样也要迎难而上。近20年来,我们从未想过风口。因为我们发现商业的本质不是抓风口,而是成就用户,为用户创造价值,甚至要为用户创造终身价值。商业的本质是要创新,要把产品做深,做到让用户尖叫。这些和风口又有什么关系呢?

从以终为始的角度来看,如果你要为用户创造终身价值,那么从第一天开始,你的过桥米线店就必须是世界级标准的。你必须在时间和空间上集中所有资源,除了过桥米线,其他什么都不做。无论别人做面条多么赚钱,你都要一心一意经营好自己的过桥米线店。对你来说,一生只能做好一件事——把一碗过桥米线做到世界第一的标准。接下来,一战到底,我是一切的创造。

当然，有了操作的方法，能用得上才行。有人可能会怀疑：上面这些话说起来容易，做起来谈何容易？但是，这不是说出来的，而是做出来的。给大家分享一下我们创办行动教育的故事。

2006年，行动教育在上海创立。当时我们锁定的市场就是企业家实效教育，主打产品就是我主讲的"赢利模式"课程。由于课程口碑不错，行动教育迎来快速发展期，2006年营收就达到了5 000万元，2007年业绩翻番，做到了1亿元的规模……

2011年，市场环境突然发生了改变。行业中有一位强劲的竞争对手改变了自己的营销方式，将客户发展为代理商，并在行业内大打价格战，严重影响行动教育的业绩。到那一年年底，我们突然发现，虽然公司一年还是有2亿多元的营收，但同比前一年，增长几乎停滞了。

2013年，公司的业绩越来越差，出现了历史上唯一的一次亏损。这次亏损就像一面照妖镜一样，照出了公司的各种问题。首先是公司管理层。在创业之初，我就将大量的股权分给了当时的总经理和两位副总经理，再加上之前对授课导师们做了股权激励，导致这家公司股权非常分散，这给公司的发展埋下了各种地雷。随着业绩每况愈下，人心崩坏，总经理和副总经理出走，并带走了大量的团队、客户、产品，另立山头开始创业，成为公司的竞争对手，整个集团一分为四。

彼时的行动教育面临着破产和清算,为了保住这家公司,我卖掉了自己的房子,溢价回购了其他三位大股东的股份。由于公司面临严重亏损,连工资都发不出来,为了维持公司的运营,我自掏腰包弥补公司的亏空,给员工发工资。由于集团四分五裂,客户开始退款,代理商也开始退款,公司客户大量流失,员工也心神不定。彼时,公司人均效能十分低下,整个集团1 600多名员工才创造2亿多元的营收。

2014年年初,我在集团年会现场做了一次演讲,主题就是未来10年的战略。在面临亏损的境况下,我们给自己设定的目标是成为世界级商学院。与此同时,我们也对战略进行了升维,过去公司做的是培训,未来我们要做教育。

培训和教育有什么区别呢?培训是短期行为,每次开课三天,上完课人就散了。而教育是长期性的,是以人为导向的事业。作为一家做教育的公司,我们要超越对利润的追求,重塑使命,把所有的一切都指向用户价值。所以,教育的定义不应该是一堂课,而是站在一个更高的台阶上帮助企业家提升经营管理能力。作为一个连续创业者,我体会过掉坑的代价,更深知爬坑的艰难。如果能够帮助更多像自己一样的人,去激发这群人的梦想,推动他们用产业报国,这将是一项能够改变世界的伟大事业。因为每一家企业的成败,都关乎成千上万个家庭的幸福,关乎社会经济的发展。

基于此,我们发愿要成为世界第一的实效商学院,这是公司未来的样子。在年会上,我提出要重新定义公司战略:我们要做一只雄鹰,而不甘心成为一只苍蝇。我们必须立志高远,要飞得高,要向世界第一看齐。

在讲这段话时,我是哭着站在台上讲的。当然,如果不看视频回放,我根本就没有意识到自己哭了。虽然我内心坚信这个目标一定会实现,但是残酷的现实一时让人百感交集。当时台下的一部分人一定认为这不过是在吹牛——现在企业的生存都成问题,你还谈什么世界第一?

是的!要将这个世界级商学院的战略目标化虚为实,从"说的战略"变成"做的战略",我们必须马上行动起来。首先,我们在全球找到了两个世界级标杆——哈佛商学院和巴黎高等商学院。接下来,公司要按照世界级商学院的标准来配置资源。请注意,我们不是10年后再按照哈佛商学院的标准来做,而是起步就是世界级标准,缺什么补什么。

没过多久,我就带着公司的老师和高管来到了世界第一的哈佛商学院和巴黎高等商学院,成为它们的用户。在成为它们的用户后,标杆的标准就清晰了。我们体验到了世界级商学院的标准,看到它们各方面的资源配置:从硬件来看,它们有一流的阶梯教室、图书馆等;从软件来看,它们有世界一流的管理大师……

世界级标准出来了以后，接下来，缺什么补什么。三年后，公司在上海虹桥机场旁边买了一栋花瓣楼，并找到了哈佛商学院的设计团队，设计了中国顶级的阶梯教室，教室里所有的硬件全部使用哈佛商学院的标准：黑板是从美国进口的，粉笔是从德国进口的，地毯是从美国进口的……

紧接着，公司还要对软件资源进行升级：我们邀请全球75年来最具影响力的管理工具平衡计分卡[①]的创始人罗伯特·卡普兰来讲授战略，他是哈佛商学院的王牌老师；邀请全球顶级的领导力大师博恩·崔西和巴里·Z.波斯纳来讲授领导力，后者所著的《领导力》一书全球发行量最高；从巴黎高等商学院引进全球排名第一的金融创新课程；邀请中国上市公司协会会长、中国建材和国药集团原董事长宋志平老师讲授战略；邀请中国人民银行前副行长来讲授经济学；邀请滑铁卢大学的终身教授、大数据中心主任陈涛博士来讲授大数据；邀请阿里巴巴前CEO（首席执行官）卫哲来讲授电子商务……请注意，这些世界级名师都不是受邀参加一两次论坛演讲，也不是做一两个小时的分享，而是持续几天开课的课程导师……

请注意，这些动作并不是在行动教育成为行业第一以后才做的，而是在2013年行动教育面临亏损时就在做的。

---

① 这一评价由《哈佛商业评论》做出。——编者注

从 7 年前我们选择要成为一只雄鹰时,就开始对标世界第一。

最后,还是要用业绩来说话——

2013 年,集团面临创业史上唯一一次亏损。

2014 年,开始进入正轨,扭亏为盈,实现了 1 680 万元的税后利润。

2015 年,利润翻番,实现了 3 800 万元的税后利润,成功挂牌新三板。

2016 年,实现了 6 800 万元的税后利润。

2017 年,税后利润超过 1 亿元。与此同时,人效大幅提升,560 人完成 5 亿元的销售收入。

从 2017 年到现在,每年业绩都在递增,即便在 2020 年新冠肺炎疫情对培训行业带来毁灭性打击的境况下,公司的收入和利润依然实现了双增长。

这背后说明什么?说明我们选择了正确的道路。我们的战略设计从一开始就以终为始;择高而立;一生一事,一战到底。很多人可能会惊叹:如果公司起步就是世界级标准,那么需要投入多少资源啊!事实证明,公司的资源投入确实很多,但是最终客户回馈给我们的更多。

一流企业的竞争来自标准,二流企业的竞争来自品牌,三流企业的竞争来自产品。战略是什么?战略就是重新定义标准,设定伟大的目标,建立伟大的标准。一旦标准定下来了,你的供应商、经销商、团队、产品、管理、流程、研发、设计……全部都需要升维。接下来的所有动作都是基于这个标准出发的。有了这个标准，你才真正赢了。因为这个标准关系到什么？用户价值。最高标准就意味着最高的用户价值，这才是本质。

标准的背后是什么？资源的配置。只要企业把这个问题解决了，后面的所有问题就简单了。就像行动教育，2014年确定要做世界级商学院的战略目标，从那以后一切都变得简单了：它的管理、它的用户、它的老师、它的团队、它的流程、它的供应商完全采用世界级标准，不会再乱了。因此，在确定的符号被种进去后，未来一切资源（人、财、物、产、供、销等）的配置都要对标世界级标准，这才是战略设计的本质。

第二章

价值创新：
未来 10 年的利润从哪里来

商业的本末：价决定生死，量决定大小

战略是设计未来的样子，那是不是设计好未来的样子，客户就会选择你呢？显然不会，因为其中还缺少一个关键要素——核心价值。什么是核心价值？你要为客户提供不可替代的用户价值。而要提供不可替代的用户价值，企业必须围绕用户价值进行创新。

不久前，我偶然间看到《胡润百富》创刊人胡润在《十三邀》节目中谈到了一个有趣的观察。胡润说，早年间，美国人问得最多的一个问题是：上榜的企业家身上都有什么共同的特质？20 年前，他排出来的前三个特质分别是诚信、勤奋和务实。最近，他又重新排了一遍，他发现排名前三的特质变了，变成了创新、资源整合和速度。

这与我们的微观体察是一致的。如果在 10 年前提到创新，那么估计很多老板听了都没什么感觉，因为那时候市场上还有人口红利，企业不创新活得也挺滋润。然而，今天时代变了。对今天的中国企业来说，创新已然成了生存的命脉。今天大量中小民营企业家觉得生意越来越难做，背后的根源就在于创新不足。在当今这场全球一体化的竞争中，中华民族已经进入了最后的冲刺阶段。如果你关注过国家的"十四五"规划和2035年远景目标，你就会发现：创新已然成了国家战略，中国已经进入了创新型国家、创新型社会、创新型企业的阶段。不难预见，未来所有企业一定都是创新型企业和研发型企业。

反过来看，企业不创新会带来什么问题呢？一个典型场景是，经常听到很多老板抱怨：生产出来的产品卖不掉，怎么办？这时候我们会反问：你们通常会如何应对呢？一个最常见的回答是：打折。听到这个回答，我们总是为这家企业未来的命运捏一把汗：如果这个思维方式不改变，那么这家企业不仅赚不到钱，而且可能活不长了。

西方犹太人有一句商业箴言：降价必死！为什么降价必死？根源在于经营者没有找到商业的本末。要理解这一点，首先要回到商业的逻辑：全世界任何一家企业都要经历从无到有的过程。无论企业大小，企业赚钱的逻辑都遵循同一个公式：收入−成本＝利润。收入等于价乘以量，也就是说，利润公式可以变形为：利润＝价×量−成本。

根据这个公式，我们可以看到利润背后只有三个要素：价、量、成本。按照运算规则，这个利润公式是先做乘法后做减法。因此，先要把前面两个要素梳理清楚：到底是价更重要，还是量更重要？这个问题不能答错。物有本末，事有先后。解决任何问题，首先要分清本末和主次。一旦本末倒置，就会犯下大错。

打个形象的比方：如果你希望苹果树能结出又大又甜的苹果，那么你不能对着苹果浇水施肥。因为苹果只是这棵树的"末"，真正的"本"来自苹果的基因和苹果树的树根。要想让苹果树结出又大又甜的苹果，你要去改变苹果的基因，再对着苹果树的树根浇水施肥。这个道理听起来非常简单，但在实际经营中，大多数人经常舍本逐末。

我们问过许多人这个问题，大部分人的回答是价比量重要。然而，吊诡的是，在他们现实的经营决策中，我们却看到了相反的选择：当企业遭遇竞争对手打击，销量下滑时，99%以上的人会选择降价。事实上，这个决策背后才暗藏着他们真实的想法——量比价重要，所以他们选择了弃价保量。如果他们真的认为价比量重要，就一定会选择牺牲量。

如果企业在这个问题上本末倒置，用降价来换量，最后必然招致灭顶之灾。为什么？因为量决定大小，价决定生死。怎么理解这句话？假设某企业的利润公式是100-90=10，其中价和量都是10，利润公式可以变形为$10 \times 10 - 90 = 10$。当老板发现定价10元卖不掉时，他决定打七折促销。假设这10件商品被抢购一空，企业的利润公式就变成了$7 \times 10 - 90 = -20$。

你发现没有？降价可能会导致利润变成负数！也就是说，你卖得越多，企业亏得越多。相反，只要你不调整价格，销售量的大小就只会影响企业规模大小：你卖了10件产品，利润是10元；卖了100件，利润是100元；卖了1 000件，利润是1 000元……

因此，商业的本末找到了：价是本，量是末。因为价关系到利润的正负，它决定着企业的生死；而量只关系到销售规模，它决定着企业的大小。

成本就是战略

事实上，价不仅仅关系到利润的正负和企业的生死，更会影响一家企业的战略和标准。这句话应该怎么理解呢？由于职业的关系，我们经常在五星级酒店里开课，这里不妨就选择以酒店行业来举例。

如果你经营的五星级酒店入住率不高，怎么办？估计大部分人会做出同一个决策：降价打折，以吸引新客户。当你做出这个决策时，你知道会面临什么结局吗？降价双杀！你的头上会掉下来两把刀：第一把刀"杀"战略，第二把刀"杀"客户。

什么叫"第一把刀'杀'战略"？

假设原来一间客房的定价是每晚1 000元，现在为了促销引流，酒店决定房价打七折。然而，当你把房价降到每晚700元时，你会发现成本降不下去了。过去的利润公式是1 000-900=100元，现在的利润公式变成了700-900=-200元。

请注意，这里所说的成本是总成本，而不是今天发生的成本。这家酒店的总成本是什么？20年前，从拿到营业执照的那一刻开始，这家酒店的成本每时每刻都在产生和积累，包括它的融资成本、建筑成本、装修成本、服务成本、人工成本、管理成本……所以，这个总成本并不是大多数人看到的人工、床单、矿泉水……这些只是九牛一毛。这家酒店的成本绝对不是今天产生的，而是从战略定位和标准管理的初始就已经决定了。

因此，降价以后，你会发现房价覆盖不了成本。这个时候怎么办？你必然要降低成本，否则企业就会亏损。为了防止亏损，你会被迫选择偷工减料，将900元的总成本降到600元。这样一来，企业的利润公式就又变成了700-600=100元。

降低成本以后，你会发现什么问题？虽然酒店的利润保住了，但是几乎所有原材料和服务的品质都下降了——从进口的变成国产的，从大包装换成小包装，服务员从100人减至50人……过去，酒店一切的标准都是五星级标准，而在你降低成本以后，标准却降成了四星级标准甚至三星级标准。因此，降低成本的背后意味着资源配置改变了。

要知道，当你选择经营一家五星级酒店时，其实就已经决定了它的五星级标准。五星级标准的背后，意味着五星级的成本和五星级的定价。同样地，当你选择做招待所时，那么匹配的就是招待所的成本和招待所的定价。所以，价不仅关系到利润正负问题，而且关系到战略和标准问题。战略就是标准，而标准就是资源配置，标准的背后是成本。

900元的成本和600元的成本，这不仅仅是成本的差异，更是标准的差异。标准包括所有的硬件、软件、流程、管理、经销商、供应商以及采购标准……因此，成本就是战略，成本背后是资源的配置。五星级酒店和招待所有什么区别？资源配置不一样，人、财、物的标准不一样。在你把成本降下来的同时，你的战略也破掉了。当你把原材料从进口的换成国产的，将大包装换成小包装时，第一把刀"杀"的是战略。

在你"杀"掉战略后，接下来第二把刀会"杀"谁？真正的老客户。企业真正赚钱不是赚客户一次的钱，而是赚客户一世的钱。你的老客户之所以选择五星级酒店，是因为他就是五星级酒店的用户。但是，如果他来到你的酒店，发现品质出了问题，标准出了问题，他就会马上用脚投票，转而选择你的竞争对手。事实上，正是你自己把千辛万苦积累的商誉给"杀"了。如果你在老客户心目中失去了商誉，就意味着你失去了老客户。你要赢得这群老客户可能要耗费10年的努力，但是失去他们只需要1秒钟，这就是现实。

现在降价已经让你失去了老客户，那么因降价而被吸引过来的新客户会成为另一拨老客户吗？大概率不会！因为他们本来就不是五星级酒店的用户，而是招待所的用户。他们的需求与你的战略定位根本不匹配，现在他们是为了占便宜跑过来的，未来没有便宜占了，他们就会一哄而散。而到那个时候，你已经失去了真正有价值的老客户。

因此，你本来以为降价会带来新客户，但是你失误了。你会发现由于降价，你同时失去了老客户和新客户，还导致了

"双杀"：一是"杀"了自己的战略，由于标准降低了，成本和资源配置降低了，你的战略破了；二是"杀"了真正有价值的老客户。

最后你得到了什么？什么也没有，你失去了未来。所以，天下没有降价战，只有价值战。

要想解决酒店入住率不高的问题，唯一的办法是回到原点创造价值。否则，如果没有创新，你的产品就会卖不掉。接下来，你会左右为难：降价是找死，不降价是等死。而一旦降价，整个企业会陷入恶性循环。企业越是降价，就越会降低自己的标准，越会失去手中的客户和资源。因为降价以后，客户对你的用户价值要求一点儿都没有改变。

因此，如果这家五星级酒店的老客户不满意，你非但不能降价，反而需要加价。请注意，企业家的逻辑不是降价杀本，而是增加成本进行价值创新，最后再重新提高价格，让企业转向良性循环。比如，过去的房费是每晚1 000元，现在可以调整为每晚1 200元。当然，你不能盲目调价，调价的前提是要通过增加成本进行价值创新，所以，你要把成本从900元增加到1 100元。这时，企业的收入公式将会变成1 200-1 100=100元。

为什么要增加成本呢？因为你需要重新定义五星级酒店的标准。你需要重新规划和设计酒店的环境、提升酒店的服务标准、重新定义酒店的增值服务。比如，引入世界级的魔术大师进行表演，设计唐老鸭晚会，给孩子们配置唐老鸭晚餐……这些动作的背后都意味着成本的增加。

这么做的目的是什么？通过创新吸引客户。当客户走进酒店时，他发现你不是偷工减料，而是一切都在加码：免费的早餐越来越丰盛，房间里的果盘越来越精美，环境越来越优美，酒店的活动越来越多，孩子们玩得越来越开心……这个时候，孩子们会告诉爸爸妈妈：下次还要来这里住！

因此，商业的本质是创新，你要通过价值创新，想方设法超出客户预期。任何一门生意，如果用户没有获得超预期的价值，宁可不要做。否则，即便短期之内赚到了一时的钱，你也会失去未来一世的钱。

差异就是差价

上文厘清了利润公式中三要素（价、量和成本）的关系。这一节咱们继续沿着利润公式，寻找下一个关键问题的答案：利润到底从哪里来？

我曾经向一位商界前辈提问："一家企业赚钱的逻辑是 10-8=2。如果一家企业给客户提供的价值是 8，那么客户为什么会给他 10 呢？客户为什么愿意多给 2 呢？"

他的回答是："利润来自超出期望的打赏。"

这句话瞬间令我醍醐灌顶：确实，客户知道你赚了他的钱，但他还是愿意把生意给你做。为什么？客户不是为了成全你，而是因为背后有两点原因。一是你的产品超越了他对产品的期望值。虽然你的成本是 8，但他感觉到的价值是 20，所以客户愿意给你 10。这个 2 是客户自愿给你的溢价，也是客户回馈给你的创新红利。二是你的产品不可替代，在别的地方买不到。如果客户发现能用更低的价格买到同样的产品，他也不愿意付出更高的溢价。

也就是说，如果一家企业能够持续获得更高的利润，就说明它能持续为客户创造价值。利润越高，说明它超出客户的期望值就越高。作为经营者，你一定要理解，利润来自用户，只有用户会给你钱。而要为用户创造出超预期的、不可替代的价值，创新是唯一的路径。

创新不是一次性创新，而是持续创新。每一次创新都会带来一波红利，一旦创新红利吃尽，企业很快就又会跌入低谷。因为只要竞争对手闻到了钱的味道，他们就会蜂拥而至，开始复制你的创新。如果你没有进一步创新，就会形成同质化竞争。这就是为什么创业 30 多年来，我们对产品永不满足，永远去寻找产品的瑕疵，并不断持续改进。因为我们内心深处始终危机四伏，永远战战兢兢、如履薄冰。企业只有持续创新、持续不断地为用户创造超预期的、不可替代的价值，才能生存下来。理解了这一点，你就理解了为什么在经济学大师熊彼特的眼中，唯有创新才是判断企业家的唯一标准。

利润的源头来自持续的价值创新，来自你能持续做出差异化，而竞争对手做不出来。最后，差异就是差价。一旦离开了创新，离开了不可替代，企业基本上就赚不到钱了。因为只要客户还有其他选择，你就会陷入价格战的深渊。价格战不是从

10涨到12，而是一路从10掉到9、8、7、6、5、4……价格战永远解决不了利润的问题，反而会将企业置于死地。价格一旦降下来，利润就会变成负数。

客户愿意付出高价，其实要的是这个价背后创新出来的用户价值。因此，企业要创新，要做差异化，要和竞争对手不一样。创新不是为了创新而创新，而是基于用户价值做创新。只有基于用户价值做创新，用户才会给你利润。一旦企业的创新不够，用户价值就顶不住。没有独一无二的超预期价值，价格就顶不住。假设你的产品卖10元，而客户发现隔壁7元就可以买到同样的产品，你的老客户还会买你的产品吗？不会！这时，市场会逼迫你降价，因为如果不降价，产品就会卖不掉。

真正的量来自哪里？来自老客户的复购率和转介绍率，所有的商业成功都聚焦在老客户身上。客户进来了，你就要用独一无二的用户价值，把他们留在你的用户池里，这样才能积沙成塔。

为什么量不是来自新客户呢？因为新客户是有限的。你在线下开一家过桥米线店，能辐射到的商业半径通常只有三五公里；即便你做可口可乐这样大众化的商品，也只是服务一小群人。商业的逻辑是弱水三千，只取一瓢，因为你不可能服务好所有人。因此，成功的关键就是让自己的老客户满意，让他们从消费一次到消费一世。如果不靠创新拴住老客户，不靠创新维持住价，你就会发现自己陷入左右为难的境地：如果不降价，产品会卖不掉，企业会死在库存上；如果打折降价，又会"杀"

死战略,"杀"死真正有价值的老客户。最后哪条路都走不通,企业陷入死循环。

如果再深入思考一步:为什么大多数人不愿意创新?因为创新本身是反人性的。人性本懒,当别人分享成功的秘诀是"一抄二改三研"时,他发现"抄"是捷径,短时间内就能赚钱,所以他不愿意花时间去"改"和"研"。然而,后面两个字才有含金量,才能保证企业的利润可持续。然而,人性急功近利,"抄"起来最快,而"改"和"研"都需要静下心来,头拱地做研究,他不想这么辛苦。他本应该重金、重兵投入在价值创新上,因为这是企业的命根。如果他没有创新,那么即便他今天赚了一点儿小钱,他也赚不到未来的大钱。最后他会卖不出去产品,现金流会断,为了保命也会降价……

要跳出这个死循环,企业唯一的路径只有创新,并且是基于用户价值持续创新,让自己始终超出客户的预期,做到真正的不可替代。最后,用独一无二的用户价值来支撑"价",用持续超出预期来拴住老客户的"量",让老客户从消费1次到10次、100次、1 000次、10 000次……最后积沙成塔,企业才能真正得到利润。

区隔对手:标杆的痛点 = 我们的价值点

企业只要离开创新,基本上就存活不下去。一是因为没有创新,价顶不住,企业赚不到钱;二是因为没有创新,产品没有竞争力,就没有重复购买,没有转介绍,最后量也保证不了,企业成长不起来。

那么，如何才能做到创新呢？实际上，创新只是手段，创新的目的是实现差异化，把自己和竞争对手区隔开来，让自己远离竞争。正如"定位之父"杰克·特劳特在《什么是战略》一书中所言："在大竞争时代，唯一的成功之道就是进入客户心智。而进入客户心智的唯一方式，就是做到与众不同。"

如何才能做到与众不同呢？根据多年来的实践经验，我将价值创新的差异化模型拆分为三个具体动作（见图2-1）：区隔对手，设计竞争路径，抢占心智。

图 2-1 价值创新的差异化模型

先来看区隔对手。价值创新最容易出现的失误是什么？没有准确地定位对手。

经常有企业家非常骄傲地说："我们在行业内没有对手。"

如果让投资人听到这句话，他们一定会扬长而去。为什么？因为如果企业真的没有对手，那么背后可能意味着没有市场、没有需求、没有空间。如果你刚刚创立一家小公司，发现这个市场里面没有对手，那么大概率遇到了一个伪需求，根本就不存在这个市场。在今天的市场环境中，企业一定不能去选择一个没有对手的赛道。

如果验证下来，这个需求的确是一个真需求，那么你所谓的没有对手，很可能只是因为你没有看见真正的对手。这件事反过来暴露了你的坐井观天和孤陋寡闻。当你蜗居在井底时，你的视野不过方寸之间，你没见过大世面，看不见蓝蓝的天、高高的山、长长的雪道和宽广无边的麦田。所以，这时企业家要提醒自己：千万不可当井底之蛙，而要与雄鹰为伍。

另一种情况是很多人眼里盯着的对手很小。他格局不够高，没有全球思维，看到的对手就是自己的邻居。千万别忘了，战略是一种自我选择。当你将自己定义为麻雀时，你看到的只有麻雀，看不见万里高空之上翱翔的雄鹰。这就是为什么企业的战略一定要择高而立。因此，如果你看到的对手很弱，要么折射出你自己的眼光和格局很小，要么是这个赛道真的不大，行业还不成熟。对于后一种情况，水不深，鱼就养不大，这样的赛道根本不值得做。真正值得进入的赛道必须水深鱼大。因为只有水深，鱼才能大，才拥有更持久的生命力。

因此，在定位对手时，一定要选择与高手过招。不怕对手大，就怕对手小。要成为真正的鹰，首先必须找到鹰王：世界第一的标杆是谁？亚洲第一的标杆是谁？中国第一的标杆是谁？鹰王的日子越是荣华富贵（利润高、市值大、成长快），我们的未来就越可期。阿里巴巴是中国电子商务第一名，它的对手亚马逊比它大 5 倍；腾讯已然是庞然大物，它的对手脸书比它大 10 倍；顺丰市值千亿，它的对手联邦快递比它大 3 倍⋯⋯

找到标杆对手以后，接下来，还要全面了解对手的优势与劣势。知己知彼，百战不殆。如何才能更好地知彼呢？最好的办法是成为对手的用户。比如，在行动教育定标世界第一哈佛商学院以后，我就要带着老师们去哈佛商学院上课，了解哈佛商学院的软件和硬件优势，然后学习哈佛商学院的优势，包括引入哈佛商学院的硬件设计团队，与水平最高的老师建立深度合作关系。

但是，这并不是区隔。真正的区隔在哪里？找到对手的劣势，然后站在它的对立面，攻击对手的软肋，成为一只不一样的鹰。

如何才能发现对手的劣势呢？当你成为对手的用户时，你自然就会发现痛点。因为世界上不存在完美的对手。战略本身是一种选择，永远都留有创新的空间。标杆对手选择了创造用户价值 A，它就做不了用户价值 B。

以自己为例，当我们来到哈佛商学院上课时，很快发现哈佛商学院的课程不够实效、不够简单。企业家根本没有时间去研究各种理论，他们只希望老师能够简单直接地告诉他什么该做、什么不该做。对他们而言，商学院颁发的学位证书并不重要,重要的是商学院教给他们经营管理的能力。因为企业家并不需要解决学历问题,不需要找工作。企业家不看重文凭,更看重水平。基于此,行动教育提出实效教育,致力于提升企业家的经营管理能力。因此,区隔对手,本质上就是要针对对手的劣势,进行反向思考。

不久前,我看到了一篇文章,这篇文章记录的是江小白创始人陶石泉在湖畔大学的毕业答辩。从他的自述中,可以看到江小白的成功完全可以归功于创始人"反向思考"的能力,这就是江小白区隔对手的思维方式。从文中摘录部分段落如下。

> 在品牌中,最重要的是定位。回到江小白的原点,我们将其主要场景、市场、阶段都反向推动。
>
> 在白酒行业,细分场景至少有5个——商务接待、宴席、家宴、休闲饮用、礼品,最大的市场是商务接待。我们舍弃了其中的4个,选择了最小的市场——休闲饮用。
>
> 从白酒市场品类看,当前中国最流行酱香型、浓香型产品。若我们切入主流,很难在已有的市场竞争中做到品类第一。因此,江小白选择了清香型产品,很快就做到行业前五。
>
> 从消费人群看,中国喝白酒的主流人群偏中年以上,主要消费面子型的酒。因此,我们反向选择了年轻消费群体。
>
> 从场景上看,江小白将品牌通过"小聚、小饮、小时

刻、小心情"这4个词进行定位与对照。只要将所有的"小"改为"大",就会形成差异化。"大聚"一般都是正式的大宴会,"小聚"则是好友之间的聚会活动;"豪饮"存在于中国的圆桌文化中,"小饮"则多是面对面在户外旅游、夜宵等小场景中出现的行为。

太多的品牌会标记重大时刻,而江小白的"小时刻"记录的是自我时刻。每个人都向往"高大上"的时刻,但也享受"小而美"的时刻。我们除了拥有宏大的叙事情结,也需要有与自己、与兄弟对话的"小心情"。

所谓的辩证的小定位,就是反过来想,如何从圆桌到方桌,通过餐饮人数来标记场景。中国白酒及其品牌文化绝大多数都是从面子场景中产生的,比如敬酒就是讨好别人的文化。

实质上,标杆对手的痛点就是我们创新的价值点,因为这就是标杆对手的软肋。你要成为一只不一样的鹰,就是要做鹰王做不到的,这就是你未来的价值。鹰王做不到,但是你一定要做到,因为每一家企业生而不同,也应该创造不同。

竞争路径:要么左,要么右,中间是死亡地带

在你确定要做不一样的鹰后,接下来你要做什么?确定竞争路径,也就是竞争策略。

要理解这个问题,首先还是回到利润公式:利润=价×量-

成本。要想保住利润，企业只有两个选择：要么提高价格，要么降低成本。请注意这两条路不能同时选择，因为一切动作都是成本。提高价格的背后是增加成本，提升资源配置的标准；而降低成本也不是简单的成本管理，而是总成本领先战略，将控制成本做到极致。所以，竞争路径推演到最后，本质上是资源配置的逻辑不同。

归根结底，商业的竞争只有两条路。第一条路是通过价值创新，锁定高端市场。比如，如果你选择做世界第一鲜的过桥米线，一碗过桥米线的售价就不可能是 10 元，而是 69 元。为什么这么贵？因为你的成本是做加法的，你的成本可能高达 55 元，你选择了最好的原料：优质的泰国大米做米粉，云南土生的乌鸡熬汤头，香格里拉的野生韭菜作配料，特供的金毛猪肉作荤菜……同样地，在店址选择、店面设计、服务质量等方面，你全部要用最高标准。这是第一条路——在成本上做加法，一切围绕"世界第一鲜"的标准配置资源。

第二条路是做减法，将成本降到极致，锁定大众市场。用户需求本身是一个金字塔，除了塔尖部分的高端用户，还有大量的大众用户追求高性价比。谁能把过桥米线做得便宜又好吃，谁就赢得了这群大众用户。针对这群追求高性价比的大众用户，你要采取成本领先战略。假设每碗过桥米线的平均成本是 8 元，现在你要通过成本的系统设计，而不是偷工减料，将一碗米线的总成本控制在 4 元以内。此时，你就可以定价 4.4 元，赚取 10% 的利润。

因此，商业的竞争路径只有两条：要么左，要么右。往左走是做加法，通过增加成本进行价值创新，锁定高端市场；往右走是做减法，通过设计成本领先战略，锁定大众市场。这两条路的资源配置是完全相反的。如果你选择做高端市场，那么你选择的所有资源都是顶配，你的成本甚至会高于竞争对手的售价；如果你选择做大众市场，你就要想办法通过创新降低成本，你的售价甚至远低于竞争对手的成本。

企业家最常见的失误在哪里？左右摇摆，一会儿要做高端市场，一会儿要做大众市场。这源于人性的贪婪，总想左右通吃。然而，企业的资源是有限的，一旦左右摇摆，你就左右两边都做不到第一。而商业的终极竞争是第一法则：你必须先拿到一块金牌，一金胜过十银。先拿到第一块金牌，接下来才会有第二块金牌、第三块金牌……

在竞争路径的选择上，企业家一定要清晰：二选一，走到底！如果你的标杆对手选择的是价值创新战略，那么你要设计成本领先战略；相反，如果你的标杆对手选择了成本领先战略，那么你只能选择价值创新战略。

几年前，课堂上来了一位做模具生意的企业家。这家公司目前在行业内排名第二，排名第一的是中国台湾的一家上市公司。这家企业本与行业第一相安无事，可是在竞争对手的儿子接班之后，情况发生了剧变。继任的年轻董事长开始锁定行业第二大打价格战。一年下来，这家模具企业被打得精疲力竭、不知所措。

听了这位企业家学员的困惑,我们首先问他:是否了解对手选择的竞争路径?起初,这位企业家肯定地说:"对手应该采用的是成本领先战略,因为对手的价格降得很低。"

听下来似乎不太对劲,如果一家企业走的是成本领先战略这条路,它就没必要去打价格战,因为它本来就靠成本领先取胜。于是,我告诉他:"如果对方真是走的成本领先战略这条路,那么你就只能走价值创新战略这条路。但是,如果对方并不是你们想象的那样,他们的价格战就很有可能是虚招。所以,当务之急还是要了解对方。既然对方是一家上市公司,你们可以尽快调出他们的财务报表来研究。如果他们真是走的成本领先战略道路,报表上就一定会有各种降低成本的行为。"

于是,这位企业家当晚就带着自己的团队开始调查。第二天晚上,我们接到了他的电话。他说:"对手确实选择的是价值创新战略,所有的降价行为都是假象。"

既然如此,摆在这家企业面前的道路就清晰了:首先,它不能跟着降价;其次,它绝对不能再走价值创新道路,因为那样正好就撞在对方的枪口上,它剩下的唯一道路,就是采取成本领先战略,在原材料供应、产品生产、市场营销等各个环节上,把企业的总成本降到最低。

最后，一旦选择好战略路径，企业家就要保持战略耐性和战略定力。因为最终你与竞争对手拼的就是耐力，谁能坚持到最后，谁就赢了。

在课堂听完这两条竞争路径，学员经常向我们反馈：价值创新做起来不容易，但是成本领先战略应该不难，因为过去他们也会在企业内部做成本管理。

这里需要澄清一下：成本战略并不等于成本管理，切莫将两者混为一谈。

成本战略讲什么？成本战略讲的是总成本领先，一切都是成本导向。比如，可口可乐、麦当劳、沃尔玛、宜家家居等企业都是成本领先战略的典型案例，成本领先战略的关键在于一致性，资源的配置在人、财、物、产、供、销、料等价值链条上的所有环节都要做成本领先设计。因此，它不是针对某一个点做成本领先设计，而是牵涉到企业的方方面面，全价值链都要做到成本领先。

而成本管理是什么？是控制成本的手段，这是任何企业都必须考虑的事情。即便你要做世界第一鲜的过桥米线，你选择了价值创新这条路，一碗米线售价高达69元，你仍然需要做成本管理；同样地，即便是五星级酒店，也不能随便浪费，不可随意乱花钱。因此，成本管理只是术，而成本战略是体系化的设计。

这样讲可能还是有些抽象，为了帮助大家理解两者的差异，我们给大家分享一个商业案例——太二酸菜鱼，看看这个品牌是如何设计成本领先战略的。

太二酸菜鱼是近年来餐饮界人气颇旺的网红品牌,这个品牌的母公司是一家叫九毛九的香港上市集团。集团创始人管毅宏是餐饮行业的创业老兵,在餐饮行业已经深耕20多年。

2015年,集团主打品牌九毛九西北菜开到100家餐厅后,管毅宏创立了太二酸菜鱼。这个品牌选择的竞争路径是什么呢?在看过其创始人的访谈后,我们发现他是一个真正懂得商业逻辑的企业家。本质上,他选择了第二条路——成本领先战略。那么,他是如何设计的呢?

时间回到2015年,当时大部分餐饮品牌在经营上都遇到了客流量减少、营业额下滑的瓶颈。九毛九也遇到了,管毅宏就开始思考:未来餐饮最优的模型是什么?当时九毛九的店面大多是五六百平方米的大店,他首先想到店面要缩小,于是他决定再做一个品牌,和九毛九完全区隔开来。这个新品牌选择什么产品最合适呢?经过多番比较,最终他选择了一个大单品市场——酸菜鱼。

在设计太二酸菜鱼的商业模型时,这家企业完全遵循了成本领先战略——做减法。

一是在产品设计上做减法。

与动辄上百道菜的餐厅不同,太二酸菜鱼的菜单极其简单:包括饮料、小吃在内,这家店一共只有24个SKU

049

（库存量单位）。在这家店里，顾客不能选择鱼的种类、大小和辣度，因为太二酸菜鱼只做经典的麻辣口味，仅仅在规格上分为三种：1~2人份、3~4人份和土豪份。

除了鱼的种类、口味单一外，配菜也非常少：为了不影响酸菜鱼的"颜值"和口感，仅仅提供4种配菜：金针菇、豆腐、粉丝和红薯粉。

由于产品SKU少，从供应链开始，原材料的采购量大，就可以大大压缩采购成本；由于菜品单一、口味少，可以将对厨师的要求降到最低，大大节约厨师的用工成本、培训成本……甚至从客户的角度来看，品类少也大大降低了客户的选择成本。

二是在服务流程上做减法。

与一般餐厅强调服务相比，太二酸菜鱼除了提供门口迎宾及上菜服务外，其他一切流程都由用户自助在线完成：在线预订座位、自助等桌、自助点餐、自助加水、自助加菜，最后还自助打包、自助开发票……所有服务流程几乎都用手机自助完成。

你可能会感到疑惑：客户不会手机操作怎么办？很简单，不接待！这种将不合适的客户拒之门外的做法，反而可以将人员的人工成本、管理成本等降到最低。

三是在服务场景上做减法。

太二酸菜鱼将自己准确地定位为一家纯吃饭的餐饮店，放弃了诸如商务应酬、社交、生日会等多种场景的消费。

店内只设2人桌及4人桌，超过4位以上不接待。超出4人到店，一定要吃怎么办？必须分成两桌。

除此之外，太二酸菜鱼还提倡"认真吃鱼，莫玩手机"，由于菜品标准化做得好，太二酸菜鱼出餐快，平均就餐时间只有45分钟，翻台率高达4.9，大大超过餐饮行业的平均翻台率。

那么，做减法是不是就意味着偷工减料呢？恰恰相反，这家公司非常注重品质。

比如，这家公司专门成立了研究小组——研究什么鱼最适合做酸菜鱼。通过多个品种的对比，最后他们选择了加州鲈鱼，这种鲈鱼一般只有高档餐厅或星级酒店才会采用。因为这种鱼价格贵——平均每斤价格在20元左右，成本比黑鱼、草鱼、龙利鱼、巴沙鱼都高很多，并且不好养、容易死，但其优点在于鱼肉紧密度高、口感细嫩弹牙、油脂少而不油腻、鱼刺少。

为了腌好酸菜，太二酸菜鱼专门在广州建立了酸菜工厂。工厂选用500克一棵的芥菜，梗厚叶少，在芥菜不老不嫩时采摘，并切成大块，这样的酸菜吃起来才能更加脆爽；腌酸菜的盐水也必须使用山泉水，因为自来水碱性重；腌制过程中不能添加防腐剂，因为防腐剂会影响酸菜的口感；温度和湿度都要完全还原重庆地窖的环境。一般重庆的酸菜要腌3~4个月，但是太二酸菜鱼使用的酸菜只腌30天，因为这个时间的口感最脆，时间再长就蔫儿了。

尽管这家公司高度重视品质，但这家餐厅的平均客单价只有76元。这种极高的性价比来源于哪里？成本领先战略的设计。

这个品牌选择了一个极其小的切口，用一道菜、一种鱼、一个口味的减法思维在全国收获了560万名"粉丝"。2018年，太二酸菜鱼在中国3 000多个酸菜鱼品牌中脱颖而出，排名第一。短短5年时间，太二酸菜鱼就已经扩张到126家餐厅，年营收12.7亿元，成为集团长出的第二曲线，并支撑了这家餐饮集团成功在香港上市。

我们从这个案例中可以清晰地看到：成本领先战略不等于成本管理。成本领先战略是从战略高度出发，创新性地对整个价值链条进行系统性设计，从而形成公司的竞争优势。所以，从本质上看，它也是另外一个向度的价值创新。

抢占心智：在用户心中烙下价值锚

在企业选择了竞争路径后，接下来需要做什么？通过创新实现差异化，告诉用户"我等于什么"。企业必须找到这个字眼，并抢占用户心智，将这个价值锚烙到用户的心上。

我曾经和朋友开玩笑：商业本质上就像追求女朋友，用户就是你想要追求的那个"她"。竞争对手就是那些围着"她"打转的情敌。所有人都在想办法俘获"她"的芳心，这是商业的终点。以终为始来看这个问题，为了赢得"她"的心，你应该怎么做？

你首先要认识到：在赢得"她"的路上，你和"她"都是有限制的。即便你每天不眠不休，一天也只有 1 440 分钟。同样地，你追求"她"的资源也是有限的。与此同时，这个"她"也受到时间和空间的约束：她一天也只有 1 440 分钟，更重要的是，如果她接受了情敌送来的早餐，她就不可能再吃你送的，因为她的胃容量也是有限的。

因此，为了吸引她的注意，你要去研究最厉害的情敌的弱点在哪里，她对你的情敌们有哪些抱怨。接下来，你要基于情敌的弱点和她的需求点进行价值创新。请注意今天所讲的创新，不是一个简单的技术创新、一个部门的创新，它讲的是企业的所有人、所有环节、所有资源……一切都围绕"她"想要的那个用户价值做创新。比如，如果你为过桥米线店选择的字眼是"鲜"，那么所有人、所有资源都要围绕"鲜"这个字眼进行价值创新，进行战略整合和资源整合。

价值创新的本质，最终就是要通过创新解决"我等于什么"的问题。我等于什么——这是你的符号和标签。这个符号和标签就是经营的终点，企业要以终为始，围绕这个终点来配置资源，万箭齐发。

事实上，在信息庞杂的环境中，客户是茫然的。"她"不会刻意关注你的产品，因此你要足够简单，用一个字眼迅速抓住"她"的眼球。这个字眼不能是新词，因为新词的记忆成本太高了，用户很快就忘记了。所以，最好是从用户的语言和逻辑中去挖掘，从用户的潜意识中去找这个字眼。

紧接着，如何才能让客户真正感受到这个字眼，并留下深刻的记忆呢？你还需要做到两点：一是让客户知道，你的过桥米线就是世界第一鲜的过桥米线；二是要让客户买到。当客户听说你的过桥米线是世界第一鲜的过桥米线时，紧接着"她"会进店体验。请注意，这是一个决定成败的关键节点。在体验的过程中，你一定要让用户震撼，让用户尖叫，超出用户的预期。你所做的所有努力，所有的"万箭齐发"，都是为了这个最终的结果——超出"她"的预期，让"她"发现在别处买不到这么鲜的过桥米线。

以行动教育为例，在找到了标杆哈佛商学院以后，作为用户，我们发现它的痛点是不实效。基于此，行动教育找到了属于自己的字眼——实效。紧接着，公司选择的战略路径是价值创新战略。接下来，公司所有的资源都围绕"实效"这个字眼进行配置。在做广告宣传时，公司都统一到"实效"这个字眼上；公司所有的产品设计都围绕"实效"而做，最后将公司浓缩到一个字眼——"实效"上，并将"实效"这个用户价值做到极致。

纵观今天的互联网格局，任何一家头部企业之所以能在用户心目中占据一席之地，都是因为它们占据了一个清晰的字眼：淘宝等于"多"，京东等于"快"，天猫等于"好"，拼多多等于"省"。任何一个字眼做到极致，都可以创造出一家头部企业。

为什么只能打一个字眼？因为只有把公司所有的资源聚焦

在一个字眼上，这个字眼才会真正具有穿透力，才能真正为用户创造超预期的核心价值。这个核心价值是你独一无二的符号和标签。这个核心价值就是顾客买你的产品而不是你的竞争对手的产品的理由。千万要记住：用户没有时间来了解你，你要简单直接地给用户一个符号。比如，宝马卖什么——驾驶愉悦，沃尔沃卖什么——安全，特斯拉卖什么——智能高科技。

经常有学员告诉我们，他们公司又多又快又好又省。你看，这就是人性使然，什么都想要。但是，只要认真思考一下，你就会发现：多、快、好与省本质上是对立的。省走的是成本领先战略这条路，资源配置上需要做减法；而多、快、好都打的是价值创新这张牌，它需要在资源配置上做加法。

当你什么字眼都想要时，最后你的资源会极其分散，一个字眼也无法穿透。不难想象，如果未来有一个平台比拼多多更省，拼多多就会被用户抛弃；如果京东丢了快，那么它未来也会出现危机。事实上，每多加一个字眼，背后都意味着要投入大量的成本。因为你最终不仅要让用户知道这个字眼，而且还要让用户买到，并在体验后被震撼住，这个字眼才算真正烙到用户的心智中。当企业抢占第二个字眼时，用户就迷茫了：你到底等于什么？有舍才有得，舍是战略的精髓。如果企业能聚焦于一个字眼、一项利益，就能以最快的速度打入顾客心智。

在你选择好字眼以后，最终让用户尖叫靠什么？一致性。如果你要做世界第一鲜的过桥米线，选择的基因是世界第一鲜，它就必须保持一致性。从企业的使命、战略、价值创新到产品、团队、用户,再到原材料、研发设计、生产、管理、流程……方方面面都必须围绕这个字眼,万箭齐发,万法归一。

为什么字眼不能贪多?为什么不能又多又好又快又省呢?因为你做不到一致性。就算你只选择了一个字眼,挑战也非常大。字眼只是定方向,要想将这个字眼化虚为实,企业还要做到一致性:战略、资源、管理、流程、生产、供应商、营销等各个方面,都要万箭齐发,所有环节都要力出一孔。这才是商业的逻辑。

譬如,行动教育选择的字眼是"实效",为了将这个字眼化虚为实,一切都要围绕"实效"形成一致性:行动教育的使命是"实效教育改变世界",战略是"世界级实效商学院",价值创新是"实效第一";产品必须"简单直接有效";教练团队必须是"企业家教企业家",所有导师必须在行业第一的企业拥有15年以上的专业实践经验;针对的用户群是追求实效的中小民营企业;所有管理流程都围绕着实效设计……

究其根本,客户为什么购买你的产品?就是因为这个字眼,这个字眼才是一家企业最宝贵的心智资源。只要你牢牢占据一个字眼,就等于在用户心目中建立起一项独一无二的利益。为什么非买不可?因为你不仅让用户知道了,还让用户喜欢上了你。但是,如果你还想让用户长期购买你,这就变成了一条长期的路,而不是一段短期旅程。

为了让客户长期喜欢你,你必须虔诚地、持之以恒地创新。就像行动教育的"实效",不是近两年的事情,也不是未来10

年的事情，而是一辈子的事情。为了做好这件事情，我们必须只做商学院这一个赛道，至于其他更赚钱的赛道，那是人家赚的钱，我们只要将商学院做到世界第一就够了。要实现这个战略目标，可能需要花上100年的时间。但是，没问题！我们专注地做、耐心地做、长期地做，认认真真、踏踏实实地为用户创造价值。

因此，企业最后找到的这个标签就是企业承诺给用户的核心价值。企业真正的核心竞争力就是这个核心价值。未来企业所有的创新都不是为了创新而创新，而是基于这个承诺的用户价值进行创新。

13年前，有一对夫妻来上"赢利模式"课程，他们做水果连锁，当时还处于亏损状态，做得非常艰难。但是，这堂课改变了他们的思维，他们明白一定要找到核心价值。水果的核心价值到底是什么？好吃。

好吃意味着什么？品质。如果要将"好吃"作为标签，那么他们就必须围绕"好吃"建立标准、建立流程、建立制度，把"好吃"变成一套体系。并且，他们还要将"好吃"作为经营的抓手，这个抓手关系到什么？关系到它的供应链，关系到它的管理，关系到它的流程，关系到它的服务……这家公司叫百果园，今天早已做到了行业第一，年营收超过百亿元。

归根结底，百果园靠什么成功？"好吃"这一核心价值。

遗憾的是，今天有太多企业并不知道自己的核心价值到底是什么。今天中国已经迈入了创新型社会，而企业是社会的器官。企业创新的本质就是要为用户创造一个不可替代的价值，这是每位企业家一生中必须完成的事业，你就是为这份事业而来的。因此，你必须找到自己的核心价值。

现在请认真问问自己：我到底等于什么？

中　篇

未来之路：经营篇

第三章

产品战略：
产品要做减法，价值要做加法

产品是战略的载体，价值是产品的内核

第一章我们找到了战略的本质就是标准，企业要择高而立，做雄鹰不做苍蝇。这个战略如何实现呢？第二章又回答了：价值创新是实现战略的路径。企业要通过价值创新，做一只不一样的鹰。要想成为一只不一样的鹰，企业要具体落地到战略的三支柱——产品、团队和客户，这也是经营任何一家企业都必须解决的三个基本问题。因此，从本章开始，咱们先来拆解产品战略的逻辑。

众所周知，企业最终是靠产品来赢得竞争的。但是，产品与战略、价值到底有什么关系？倘若理不清楚这三者之间的关系，企业就很难做好产品。要想做出有竞争力的产品，企业首先必须把战略和价值梳理清楚，因为产品是战略和价值的载体，而价值是产品的内核。

事实上，用户并不关心一家公司的战略，因为战略是公司

内部的事情，用户只关心这家公司的产品为其创造了什么价值。而产品的用户价值是怎么来的呢？它是从战略设计开始的。如果你定义清楚"你想成为谁"，你就有了标准；有了标准以后，你马上要进行价值创新，并通过产品落地用户价值。

以行动教育为例，用户买的是行动教育的产品吗？不是，用户买的是"实效"这个价值。为什么行动教育能提供"实效"这个价值呢？一切是从战略设计开始的，公司围绕"实效"进行一致性的资源配置，进行持续的价值创新，最终客户看到的、体验到的才是实实在在的产品。因此，产品其实是战略设计和价值创新的落地呈现。真正的好产品必须有战略设计和价值创新的支撑。

重新定义产品：客户到底买什么

如果我们进一步分析"产品"这两个字，那么到底"产"和"品"哪个更重要呢？企业给出的答案不一样，时间和资源投入的方向就会完全不一样。

从微观的角度来看，今天大多数中小民营企业的焦点在"产"。产是什么？可以理解为生产、产值，它们想要更多的产品，想要做大，它们的焦点在销售、引流、收入……

而品是什么？品的含义可以分为两个部分：对内是品质，对外是品牌。品质就是标准，企业要基于用户价值制定内部管理标准、流程标准等；而品牌的本质是用户体验产品以后形成的口碑积累。

改革开放头 30 年,中国市场处于供不应求的环境中,国内有太多作坊型企业,它们大多并不注重研发和创新,做出来的产品只要凑合能用就卖得出去。这也加剧了很多企业家重"产"轻"品"的思维方式。但是,今天中国市场发生了巨大的变化,中低端产能严重过剩,高端产品非常紧缺,好产品就有好机会。所以,企业家要从错误的思维惯性中走出来,真正意识到:以量取胜的时代一去不复返了,以质取胜的时代来了。

如果企业家没有及时从"产"的思维转向"品"的思维,对内基于用户价值提升企业的标准,对外重视用户体验、沉淀品牌,未来的路就会越走越窄。因为人性总是喜欢投机取巧,在经营的路上,有无数人会诱惑你增加产品线。但是,每家企业有两个底层枷锁:一是企业的资源是有限的,二是时间是有限的。尤其是时间是最大的限制因素,如果你到处挖沟,最后就没时间打井。你做得越宽就越乱越散,你越不会成功。一旦你横向发展,而不是纵向往深处追求品质、追求创新,你就无法快速做到第一、拿到金牌,就丢掉了自己的"品"。

产品战略的逻辑是什么?产品的略比战更重要,不做什么产品比做什么产品更重要。企业越是重"产",产品越不聚焦。一旦不聚焦,就意味着资源会被摊薄,成本会上升。资源被摊薄以后,产品的品质就上不去。最后会造成什么结果呢?成本上去了,价值却上不去,最后无法形成品牌力,因为品牌来自用户体验,来自用户的口碑。

然而,即便你的思维从重"产"转到了重"品",你还是没有找到产品的本质。为什么？因为客户买的不是产品。无论是品质还是品牌，你仍然站在自己的角度思考问题。实际上，客户买的不是你的产品，也不是你的品牌，客户买的是价值。比如，今天客户来理发店，他买的不是理发服务，他买的是美丽；他去服装店，他买的不是服装，而是时尚；他要装修房子，他买的不是装修服务，而是要买一个温馨的家。所以，客户要的不是产品，而是产品背后的价值。客户买的是成果。

因此，企业家不能以产品思维去做产品，而是要以成果思维去做产品。

以经营过桥米线店为例，大多数人理解的产品非常简单，左手买菜，右手买鸡，熬汤做米线，然后卖给客户吃。在这个过程中，他根本没有花心思去研究，最后客户当然觉得不好吃。这意味着这个产品失败了，它没有给到客户成果。事实上，客户不是来吃过桥米线的，客户想要的是"好吃"的成果。如果你不能让客户震撼，客户就不会再来了。

解决不了成果的问题，你就会发现生意越来越差。于是，你开始转型做第二个产品：面条。就这样，你的产品从A、B、C、D做到E，再加上大部分人本身就是机会导向，最后产品做了1 000米宽，却只做了1米深。然而，这1 000米宽带来的都是成本，1米深却带不来收入，因为产品做得太浅了，没有差异化，就没有办法给客户成果。最后，成本上去了，收入却上不去，企业必然节节败退。

因此，经营企业必须超越产品思维，看懂产品背后的本质。

更准确地说，客户想买的不仅仅是价值，而是终身价值。这句话是什么意思？客户根本不想折腾，他希望一辈子到你的理发店，每次都可以解决美丽的问题，他希望每次理发服务都能让他感动、让他震撼；他希望到你的服装店，永远可以解决时尚的问题，你每次都能超出他的期望。

做到这一点，你才是真正的企业家。对真正的企业家而言，要做的不是产品，而是赢得人心。就像学员来听课，他不是为了买课，而是希望公司能够经营得越来越好，成为一家持续赢利的公司，成为一家伟大的公司。所以，我们也不是在讲课，而是始终要思考：如何才能推动企业真正改变？如何才能真正推动企业家成就一番伟业？归根结底，所有的产品最后都是为了赢得人心，所有的产品最后都是为了赢得信赖。请注意，不是信任，而是信赖。

商业成功的本质是先义后利：你先要成就用户，为用户创造价值，最终才能得到利润。先义的"义"来自用户价值，这个用户价值就是由你的拳头产品提供的。就像你今天要开餐厅，重要的不是你的菜多不多，而是你有没有招牌菜。无论是小炒肉还是水煮鱼，你必须有招牌菜，没有招牌菜就不要开张。这个招牌菜就是你的拳头产品，就是传递独一无二用户价值的载体。

所有人和资源力出一孔的努力，最终都体现在产品上。所有的努力，都是为了让用户感受到产品内在的魂、产品的温度、产品的人格特质，让用户尖叫和感到震撼。归根结底，产品战略的本质，就是要赢得用户的心。当你以用户价值为导向，真正站在用户的立场，真心实意想要为用户创造价值的时候，你会发现整个产品战略的重心发生根本性的变化。

理解了这一点，你就会明白：顶尖高手的产品一定要做得非常深，产品必须有温度、有灵魂。这意味着什么？企业必须非常专注聚焦，并拥有强大的工匠精神。企业从上到下精益求精，因为大家都明白产品必须为客户创造震撼和感动，必须让客户超出期望。并且，在这条路上，他们永不自满。所以，产品赢得人心的背后是一群奋斗者——他们非常热爱这份事业，并愿意为这份事业竭尽全力，一生一事，一战到底。

知止：从"挖沟"到"钻井"

咱们再往下思考一步：为什么大多数人会重"产"呢？推演到最后，本质上还是人性的病毒——贪婪和自私在捣鬼。下面我给大家讲讲自己的亲身经历，还原一下在创业的过程中这种人性的病毒是如何在我身上发作的。

> 1985年，我通过开跆拳道馆赚到"第一桶金"。到1991年，我准备创业，并开始留意身边的项目，考察过餐厅、考虑过开工厂……就在我犹豫不定时，一个项目突然撞了上来。
>
> 那一年的7月，我突然想到跆拳道馆的一块户外广告牌快要到期了，还没有续费。这块广告牌位于昆明市中心，

虽然广告牌上只是简单地印着跆拳道馆的地址、电话和开班时间，但是为我引流了不少学员。因此，这个引流渠道非常重要。于是，我主动拨通了广告公司的电话，并要求续约。始料未及的是，广告公司告诉我这块广告牌已经卖给别人了。我说自己愿意加价。对方回复说，加价也没用，人家也加了。

由于这块广告牌是跆拳道馆唯一的引流渠道，因此我放下电话，马上跑到广告公司去找这家公司的总经理。这家广告公司是一家国有企业，当我进去找总经理时，这位总经理在打牌。我站在他的面前，用近乎哀求的语气说："这块广告牌对我非常重要，我愿意加价续约。毕竟还有两个月到期嘛，你们应该先询问我是否续费，然后再卖给别人……"结果话音未落，他粗鲁地打断我，说："就是没有了……"那一刻，我才真正意识到，这块广告牌真的无法续约了。

从那家广告公司出来，我马上去找别的广告公司。很快，我访遍了当时昆明所有的广告公司，结果没有一家公司可以达到要求。要么位置不行，要么广告牌太小。就在那一瞬间，我脑中冒出一个念头：我不是要创业吗？那为什么不开一家广告公司呢？这样我就可以给自己的跆拳道馆做广告了啊。

基于这样一个简单的念头，我来到了工商局，询问如何才能注册一家广告公司。工作人员告诉我，只要20万元的注册资金就可以了。我回到家中，找亲朋好友集资了20万元，顺利拿到了营业执照。

拿到营业执照以后，我告诉所有入股的亲朋好友："虽然我不知道怎么经营广告公司，但是我从跆拳道运动中学会了定标、对标的逻辑。首先，定标要高，我们要成为中国一流的广告公司。其次，请大家给我几个月时间，我要去北京和上海对标，找到一流的广告公司去学习。如果学得会，我们就开广告公司；如果学不会，我就把钱还给大家，我们就不做了。"

紧接着，我到北京做调研，拜访的第一家公司听说我要学怎么经营广告公司，毫不客气地把我赶出来了。被赶出来以后，我才发现自己犯了一个致命的错误：没有站在对方的立场上思考问题，人家凭什么要教一个竞争对手怎么经营广告公司呢？接下来，我调整了策略，告诉对方："我是红塔集团派来考察的，未来红塔集团要在北京做广告，先让我来北京考察市场。"

所有人都知道红塔是中国烟草业第一的企业。对方一听，立马来了兴趣："你要考察什么？"

我答道："我要考察你的产品。户外广告牌有多大？收费是多少？服务有哪些？品质怎么管理？流程怎么做？班子有多少？一年的业绩有多少？盈利情况怎么样？竞争对手是谁？……"

人家一边说，我就一边拿着笔记本记。1家、3家、10家、

20家……北京最好的广告公司我都跑遍了。接下来又转战上海，用同样的方法跑遍了20多家上海最好的广告公司。

经过调研，我发现北京、上海的标准与云南不同：北京、上海的广告牌大、收费贵、签约时间也长，一签就是5年；而云南的广告牌很小，每3个月签约一次，按月计费。尤其是在上海，我还看到了20世纪90年代颇具高科技色彩的霓虹灯广告牌，这是在昆明从未见过的新鲜玩意儿。

数月后，我返回昆明，顾不上修改，直接就按照北京和上海的标准做，将过去四五块广告牌合成一块广告牌，并将签约时间拉长，相应地，价格也定高。很快，我就做起来了。1992年，工商局牵头组建了云南广告协会，年底评选最佳广告公司，会长在台上宣布：云南最大的广告公司，年收入1 500万元，利润是600万元——风驰传媒。

我们就这样莫名其妙、懵懵懂懂地做到了云南第一。一年时间，我们赚到了600万元。我很快被胜利冲昏了头脑，觉得做企业真是太容易了，一点儿都不难。1992—1994年，我们又赚到了三桶金。到1995年，风驰传媒成功跻身全国五十大广告公司，年产值已经做到了1亿元，利润率也非常高。

人的欲望是逐步升级的，随着风驰传媒的业绩飙升，我人性中的病毒开始发作：我想做更大。如何做大呢？公司要根据客户的需求做多元化。

客户问："李践，你们做不做报纸啊？""做！"

"你们做不做电视代理？""做！"

"你们做不做印刷啊？""做！"

"你们做不做礼品啊？""做！"

"你们做不做活动啊？""做！"

"你们做不做展销会啊？""做！"

只要客户敢问，我们就敢做！这些都是客户的需求啊，我们恨不得把所有事情都做完。公司的产品线从A（户外广告牌）扩展到B、C、D、E、F……每年都要增加新的产品线。

请注意，那是一个稀缺时代，你只要有产品就有可能成功。果然，到1998年，公司收入做到了2亿元。那么，利润是多少呢？2 700万元。当时我们并不知道：虽然收入增加了，但由于不聚焦，我们的成本也增加了。

有一天，在看财务报表时，我突然感觉不对劲：创业第一年我们的利润率有40%，现在怎么只有13.5%？我赶紧把财务总监叫过来，问他为什么我们的利润率会下降。

财务总监回答不了。于是，我让财务总监把产品损益表给我做出来。

过了几天，财务总监拿着本子来找我说："老总，算出来了。最早的产品线——户外广告牌的利润率是45%，接下来10个产品的利润率是5%，10个产品持平，还有16个产品亏损。"为什么是13.5%？因为加加减减，就只剩下这么点儿了。

除此之外，我还犯了第二个错误。从1995年开始，我们开始做多元化投资，我们的投资从传媒辐射到房地产、通信、软件行业。毫无疑问，我的精力开始分散，资源开始摊薄，分兵作战。我什么都想做，也以为自己什么都能做，饥不择食，到处跑马圈地，这就是人性。今天回望过去，公司命大的原因，是幸运地遇见了那个时代。

1999年，一家名叫TOM户外传媒集团的香港上市公司开始在中国内地收购广告公司。他们首先来到中国广告协会，找到最赚钱的广告公司——风驰传媒。如果风驰传媒聚焦于户外广告牌业务，那么收购金额本应该更大。

同年，我们将这家广告公司以10倍的估值卖给了TOM户外传媒集团。为什么要卖呢？因为虽然全员上下都非常勤奋和乐于付出，公司每年都在赚钱，但是股东们几乎没有分到什么钱。因为所有赚来的钱马上全部投入生产，再加上多元化投资，处处都缺钱，所以股东们手里根本没有钱。至今我还记得，1997年我买房子还需要贷款。

风驰传媒被卖掉以后，对方要求对赌，锁住我这个创始人。我答应了，并签订6年的服务协议。2003年，集团董事会把我调到香港，并任命我为TOM户外传媒集团总裁，这段经历使我的经营思维发生了巨大的改变。

2003年，我上任以后，董事会要求我做预算报告，并抛出一个问题：如何做到世界第一？几天以后，我向董事会汇报，我本期待以自己的口才赢得满堂彩，结果等我讲完自己的方案，董事们的表情十分严肃。其中一位董事问："李先生，你认为客户买的是产品还是价值？"

我回答道："价值！"心里还想着，这点儿商业常识我还是有的。

他追问道："你确定吗？"我说："确定！"

他接着问："你既然认为客户买的是价值，那么你为什么是产品思维呢？在你的报告里，一直在讲A产品、B产品、C产品，你不断强调增加产品、增加投入、增加客户。你一直都在强调要多要广，你挖了1 000米宽，却只能做1米深，你在挖沟！因为你的时间有限，你的资源有限，当你忙着挖沟的时候，你就不可能打井。如果客户买的是价值，那么你应该打井，做到1米宽、1 000米深，你应该做到专、精、深，你要聚焦。"

我还不服气地狡辩道："我想要量，通过产品多元化可以把量做大。"

他说："你的量也不是通过多元化的产品做大的，因为当你通过多元化的产品做大量时，背后的成本也会增加。最后你挖的沟越宽，成本就越高。另外，产品做得浅，你的用户价值就会很低。当客户发现你的价值很低时，客户不会买。即便买了，也可能会退款。这样一来，你就没有竞争力。所以，真正的量来自哪里？来自你的品质和品牌，来自客户带来的复购率和转介绍率。我们要的不是客户一次消费，而是终身的一万次消费。"

那一刻，我终于明白了自己失误在哪里。我以为是靠产品多、全、广来做量，但是真正的商业高手抓住了本质：量不来自挖沟，而来自打井。你要通过把产品的价值做深吸引用户，再通过老用户的复购和转介绍积累量，最终积沙成塔。因此，量是靠用户给你做加法，而你自己必须做减法，才能把一个产品的用户价值打透。与此同时，由于你没有挖沟，因此你的成本很低，价值反而很高。这才是真正健康的、可持续的量。

《大学》云："知止而后有定，定而后能静，静而后能安，安而后能虑，虑而后能得。"经营企业也要知止，与其将100%的资源分散地投入100个产品，不如将100%的资源投入1个产品，将这个产品做到极致，拿到金牌。纵观全球，许多顶级公司都是将一个产品做到极致，如可口可乐、麦当劳、苹果……然后，在这些产品的基础上不断升级，最终建立持久的竞争优势，形成极深的"护城河"。这些企业都是因为先把一件事做到第一才获得成功的。

这一切要靠什么？聚焦！你要非常聚焦！为什么你愿意聚焦呢？因为你的起心动念不一样，你不是站在自己的立场上而是站在用户的立场上思考问题，你想要成就用户，为用户创造终身价值。所以，你永远都不会输。

这次经历彻底改变了我的思维。2003年，我接受了董事会的建议，开始专注聚焦于户外广告牌业务。2004年，香港媒体报道：李践上任以后，实现了利润翻番。那一年，我们赚了5.7亿多港元的净利润。当然，我明白这不是个人的功劳，而是聚焦的威力。如果没有董事们的当头一棒，那么可能我连剩下的1亿元都要输掉。

不久前，我读了一篇关于新东方创始人俞敏洪的文章。在这篇文章里，俞敏洪回答了一个别人经常向他提出的问题："你在创业之初，是坚持了哪些东西把新东方做出来的？"

他的答案是，自己的成功来自5个方面的坚持，首先是"因为当时没有什么资源，我就坚持把1~2个项目做到极致"。新东方的第一个项目是托福考试。当时他全力以赴，从备课到对老师的挑选，在托福项目上下了很多功夫。结果，一年多的时间，新东方就把托福领域的培训做到了全国第一，而且把竞争对手几乎全部打倒。这是新东方拿到的第一块金牌。紧接着，新东方才上了第二个项目。

在这篇文章里，他还用了一个有意思的比喻：就像一个人读书，如果连一本书都没有读透过，想一下子读透20本书或者50本书，是完全不可能的。所以，我们一定要先把一本书读透，通过对一本书读透的感悟，再来读第二本书、第三本书，做事业也是一样的道理。对于这个比喻，我深表赞同，它确实揭示了做产品的底层规律。

锁定尖刀：四眼看天下

企业如何才能做到聚焦呢？我们从实践中提炼出了一套聚

焦的钻井模型，它一共分为4步走（见图3-1）。

- 1米宽：锁定尖刀产品
- 1 000米深：断舍离，聚焦一切资源在一个产品上
- 1万米深：品质第一
- 10万米深：品牌第一

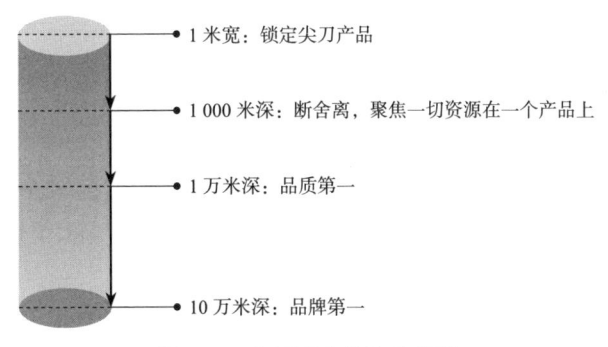

图3-1　产品聚焦的钻井模型

1米宽：锁定尖刀产品

2003年，我刚刚上任时，集团收购了17家公司，一下子有了几十个产品，怎么办呢？只能舍九取一，因为我们不可能把所有产品都做成"招牌菜"，所以必须缩小边界，锁定1米宽的井口，找到那个"一"，并且先通过这个产品拿到金牌。

如何找到这个1米宽的井口呢？我们用了一个工具——四眼看天下。

第一眼：看产品——收入和利润率。

客户买的不是产品，而是核心价值、成果。什么指标最能代表产品的核心价值呢？利润率。因此，企业在看产品时，首先要考察两个关键指标：收入和利润率。收入代表销售规模，利润率代表核心竞争力。当企业将所有产品从高到低进行排序时，收入和利润率都居于前列的就是A级产品。

第二眼：看用户——复购率。

在公司内部，用户复购率最高的是不是 A 级产品？即便不是复购率第一名，A 级产品的复购率至少要名列前茅。因为复购率说明了产品与客户之间的关系是否紧密，代表客户对产品的认可度和忠诚度，代表产品的用户价值大不大。

第三眼：看对手——差异化。

基于这个 A 级产品，你的对手做到了什么程度？换言之，企业要看对手的差异化。如果对手做得比我们还要深，那么这个产品就不可取。否则，对手会将我们打得落花流水。所以，尖刀产品一定要避开对手，与行业标杆错位竞争，千万不要在关刀面前耍大刀。你必须以己之长，攻人之短，而非以己之短，克人之长。如果 A 级产品不具备差异化，企业还要通过价值创新，以区别于其他企业，做一只不一样的鹰。

第四眼：看趋势——市值 / 估值。

如何判断趋势？企业可以通过资本市场的市值或估值判断，因为资本市场看的是未来价值。基于这个产品，纵观全球资本市场，标杆企业有没有上市？如果已经上市了，那么市盈率有多高，市值有多大？这些都代表着未来的趋势，代表你所选择的主战场是"肥"还是"瘦"。如果这个产品未来的市场空间不大，那么即便聚焦下去也做不大。

综合上述"四眼看天下"，企业就可以舍九取一，锁定自己的尖刀产品。

1 000 米深：断舍离，聚焦一切资源在一个产品上

在企业锁定了一款尖刀产品以后，剩下的产品怎么办呢？断舍离。如果产品已经成熟了，我们就把它卖掉；如果卖不掉，还有团队，那就独立出来，让团队自己做，公司绝对不要控股；如果既卖不掉又不能让其独立，剩下的全部关停。

为什么要断舍离？就是为了集中所有的人力、物力、财力到尖刀产品上，将这口井打到1 000米深。切记，这个时候千万不能分兵作战，因为企业的资源和企业家的时间是有限的，一定要集中所有兵力到尖刀产品上，利出一孔，万箭齐发。如果能做到这一点，创造出局部优势，其威力就不容小觑。

不久前，在课堂上听到一位复训学员分享他们企业的故事。

> 这家企业是一家化妆品企业。创业之初，老板依靠几款王牌产品赚得了"第一桶金"。其中每一款产品的年销售额都在千万元以上，利润也非常高。随着产品销量越来越多，许多经销商、代理商开始反馈产品种类太少，请求企业推出新品种。
>
> 董事长听从了代理商的建议，开始大力研发新产品，最后这家企业的产品线也越来越长，从几款产品渐渐变成了30款、50款甚至上百款产品。结局并不难猜，这家企业最后走上了和我创业早期差不多的老路。虽然公司的产品种类越来越多，但是利润越来越薄。
>
> 2014年，这家企业的董事长来参加课程。回到企业以

后，董事长就开始带领高管做减法，从 100 款产品砍到 20 款产品，并从中锁定了一款面膜作为尖刀产品。令他自己都始料未及的是，做减法的效果立竿见影，这家企业的利润很快就比之前增加了 3 倍。

更重要的是，他们倾力打造的尖刀产品成了长销爆款。当然，他们在这款尖刀产品上花了不少心思，这款产品的成分都来自国外顶尖的原材料，深得用户好评。据说，这款产品 7 年来用户复购率一直非常高，在定价比同行产品高 7 倍的情况下仍然供不应求，几乎每个月都会卖断货，工厂根本来不及生产。

古代先贤管子在《管子·国蓄》中说："利出于一孔者，其国无敌；出二孔者，其兵不诎；出三孔者，不可以举兵；出四孔者，其国必亡。"经营企业也是同样的道理。企业一定要保证公司上下所有的焦点只有一件事，利益全部来自一个地方。利出一孔，才能力出一孔。就像上面案例中的这家化妆品企业，想要形成压强，就必须把其他洞全部堵住。相反，产品多元化就等于在管道里开新的漏洞。

为什么这些漏洞不容易堵住呢？人性使然。老板是贪婪的，他们想要做更多、做更大；同样地，高管也是贪婪的，每个人都期望能单独保有一片自留地。表面上看，这些高管是为企业开辟一片新市场，但实际上，大家都是在水管里面开新孔，最终这些新孔会拖企业的后腿，吃掉企业的老本。

经营企业30余年，我有一个深刻的体会：做加法容易，做减法很难。企业决定开一家新公司、成立一个新部门、开辟一条新的产品线……做加法总是人人鼓掌，而做减法都是得罪人，因为做减法意味着要伤害到许多人的利益、面子、汗水……从这个角度看，聚焦本身是反人性的。

但是，我要劝诫所有企业家：再难也得做，管理本身是反人性的。大多数人会选择做自己喜欢做的，而不是最重要的。但是，真正重要的不是你想干什么，而是你应该干什么。你要做真正为企业贡献价值的事情，而不是凭自己的好恶做事。

1万米深：品质第一

如果你已经锁定了尖刀产品，并聚焦一切资源，把井打到了1 000米深，但是走到这一步，你依然没有什么起色，那就是因为你的深度还不够，还谈不上具有真正的竞争力。你要继续往下打井，钻到1万米深。

要钻到1万米深，企业需要解决什么问题呢？要做到品质第一。品质是用户价值的第一个基本面，它关系到用户的切身利益。回想一下自己作为用户的体验，当你购买东西时，你判断的第一个标准是什么？品质。为什么有些人喜欢买欧洲货、美国货、日本货呢？实质上，如果国货的品质没有问题，消费者就不会舍近求远。

我们经常告诫企业家：品质是企业的天条，产品就等于人品。如果你没有品质思维，那么你根本就不是真正的企业家。

纵观整个商业的历史，世界上所有成功的公司都是建立在品质的基础之上的。而且，企业不是为了品质而做品质，而是要围绕用户价值做品质建设。

遗憾的是，很多企业家没有品质思维，也没有品质意识。因为人性本懒，到处都是"差不多先生"和"马虎小姐"。一旦打井到1 000米深，他们就会遇到品质的"岩石层"。这时，考验来了：面对坚硬的岩石层，是继续死磕还是重新寻找一个新的井口？人的本性是爱逃避困难，不愿意专注聚焦。因此，品质思维和品质意识本身就是反人性的，它们是经过反复教育和反复训练获得的。

那么，品质到底来自哪里呢？它来自以下几个方面。

第一，品质来自领导承诺。

很多企业家认为品质来自一线，他们认为品质没有做好，是因为员工没有做好。我们经常看到很多老板火冒三丈，认为品质是某个部门、某个员工的问题。实际上，员工的状态就是老板的状态。你是什么样的人，就会带出什么样的人。因此，品质首先来自领导承诺，这个领导就是企业的一把手。对民营企业来说，这个一把手基本上就是创始人和董事长。为什么海尔的张瑞敏要砸冰箱？为什么三星的李健熙要烧手机？品质好不好首先取决于一把手有没有品质意识，会不会率先垂范。所以，作为企业家，你自己首先要把品质做到位。

第二，品质来自宣教。

接下来，从一把手开始，从上到下进行品质的宣传教育。

从价值观开始升级，以用户心为心。紧接着，公司还要建立专门的品质管理部。任何一个新员工进入公司，都要进行品质学习、品质考核；针对老员工，要进行品质竞赛，比学赶帮超……

第三，品质来自"三全"。

企业要围绕品质建立制度和标准。很多企业的品质之所以做不好，是因为没有建立全方位的制度和标准。什么叫全方位？全面、全员、全过程。品质来自全面品质管理；品质来自全员，从董事长到员工，甚至还要延伸到经销商、代理商；品质来自全过程，从价值链的初始环节一直延伸到产业链的上、下游，所有过程都要建制度、建标准、建流程。

第四，品质来自"三专"。

除了"三全"，品质还来自"三专"：专心、专研、专业。

专心意味着什么？意味着一生一事。品质来源于哪里？品质首先来源于标准。如果没有战略的高标准，就不可能有品质，这两者之间是联动的。但是，大部分人的问题在于，他们以为品质的标准是静态的。恰恰相反，品质的标准是动态的，品质的标准必须不断提升，这个过程永无止境。从这个角度看，提升品质是一条不归路，做好产品也是一条不归路。

这意味着什么？要做好品质，企业必须专研，所有人都要持续学习、反省、改进。下面给大家说说行动教育是如何改进品质的。

假设你今天参加了第400期"浓缩EMBA（高级管理人员

工商管理硕士)"课程，从开始讲课的那一刹那起，台下教学组的老师就在做记录。为什么要做记录？因为三天课程结束以后，我们教学组要根据这个记录召开品质改进会。紧接着，每一期课程都会推倒重来，把每一次当成第一次来备课。因为我们希望第401期能比第400期讲得更实效。因此，这个实效的标准不是静态的，而是动态的，每一次都要比上一次更加实效。为了提高实效的标准，全员上下都要不断持续改进，从研发、设计、生产、流程、管理、制度到员工，每人每天每件事都要学习、反省、改进。每天进步1%，持续实现标准和品质的螺旋式上升。

过去我们总以为熟能生巧，事实并非如此。我从3岁起开始吃妈妈做的回锅肉，这道菜妈妈已经炒了成千上万次，为什么妈妈没有成为回锅肉大师呢？因为妈妈只是低水平地重复，她没有持续提升品质。只有持续不断地学习、反省、改进，才能让第2次比第1次好，第10次比第9次好，第100次比第99次好，第1 000次比第999次好，这才是真正的钻井。否则，你只会停留在同一个深度。

只有持续地专注聚焦、专心专研，你才会专业。钻井背后遵循的是复利法则，如果你专注聚焦于一件事情，每天进步1%，10年时间你就能进化为大师。所以，专业是十年磨一剑。如果你不专心专研，你就不可能成为专家。你一会儿做过桥米线，一会儿做面条，一会儿做馄饨，最后什么都做不好，你就没有办法给用户成果，成果只能靠专业来保障。因此，作为经营者，至少要在企业关键岗位如研发、生产、销售等岗位上做到持续改进，建立更高的标准。今天你所走的每一步路，都是为未来的"护城河"铺路。

企业真正的竞争力来自1万米深。你能不能把这口井打到1万米深？这个深度关系到你的出水量，也关系到竞争对手和你的差距。你成功甩开竞争对手，就是从1 000米到1万米的跨越。顶尖高手的成功，就来自1万米的深度，这个深度就是"护城河"。

为什么叫"护城河"？当竞争对手想复制的时候，他发现复制到100米的时候，你已经做到1万米深了，竞争对手此时只能缴械投降，因为他根本没办法和你竞争。他要想做到1万米深，可能还需要10年。而这10年，你还在继续专注聚焦。当他钻到1万米时，你已经钻到10万米深了。

最终的成功来自哪里？来自时间的积累。顶尖高手的专注聚焦并不会带来成功。专注聚焦其实很容易学，但长期的专注聚焦、深度的专注聚焦，对手是学不了的。专注聚焦再加上时间的积累，任何人都没辙了。顶尖高手的深度，就来自时间的积累，这会让对手望而却步。

然而，人性就是不愿意跳出自己的舒适圈。即便你告诉他外面海阔天空，他还是宁愿蜗居在井底，因为这里风平浪静，所以专注聚焦本身是反人性的：人性喜欢新鲜事物，不愿意死磕、不愿意长期专注一件事，也忍受不了钻井途中的孤独与寂寞。但是，如果你能对抗人性中的这种病毒，就能收获常人难以企及的成功。

  数月前，我们在湖南讲课时，遇到了一件特别开心的事情。十多年来，有不少湖南籍的餐饮企业家都听过我们的课。其中，有一个餐饮品牌叫费大厨。

  这个品牌的创始人听课以后，开始聚焦于一道招牌菜——辣椒炒肉。早在去湖南之前，我就听小伙伴们说，这个品牌做得非常火爆，它的招牌菜辣椒炒肉不仅每年销量在100万份以上，还揽获了业内几项大奖。所以，我打算利用这次出差的机会，前去体验一番。

  当然，我并没有联系这家企业的董事长，而是直接通过手机地图找到了酒店附近的一家门店，这家门店位于商场。虽然商场内有很多餐厅，也不乏一些比较知名的餐饮品牌，但唯独这家餐厅前排起了长长的队伍。在费大厨的招牌旁边，一眼就可以看见4个大字：辣椒炒肉。从这个细节，就可以看到费大厨的差异化：别人做湘菜，费大厨却只做湘菜里的辣椒炒肉。

  大约等了半个小时，终于叫到我的号。我跟随服务员走进餐厅，目光所及之处，从招牌到桌布再到员工的帽子、胸牌、围腰上全部都印上了"辣椒炒肉"。我翻开菜单数了数，发现这家餐厅一共只有20多道菜。按照惯例，我请服务员推荐招牌菜。话音未落，服务员已经先发制人：辣椒炒肉。除了辣椒炒肉，服务员又推荐了其他两道菜。

等餐的过程中环顾四周，我发现这家餐厅比预料之中要大很多。本以为费大厨主打一个单品，餐厅面积应该很小。出乎意料的是，这家餐厅容纳了约50张桌子，几乎每张桌子都点了同一道菜：辣椒炒肉。

没过多久，服务员非常隆重地把辣椒炒肉端到我面前，手上还拿着一个特制的固体酒精炉。上菜之前，服务员非常郑重地向我介绍：亲爱的用户，世界上最好的辣椒炒肉奉献给您……大意如此，由于口音的原因，我没太听清。紧接着，服务员点燃了固体酒精炉。在辣椒炒肉送到嘴里的那一刻，我不得不承认，这确实是我吃过的最好吃的辣椒炒肉。

10万米深：品牌第一

费大厨的经营逻辑是什么？专注聚焦于一道菜。用户之所以排队，是因为费大厨把辣椒炒肉的品质做到了第一。接下来，费大厨要想做到中国第一，他不仅要把品质做到第一，还要解决品牌第一的问题。

要做到这一点并不容易。因为从用户的角度，他们只看到了一道菜，但是，这道菜的背后，支撑的是企业的全产业链竞争。

什么叫全产业链竞争？从地头到舌头的每一个环节，都需要持续改善。费大厨要把辣椒炒肉做到第一，就必须从原材料开始做加法。所以，费大厨必须从辣椒的种植开始思考，所用的辣椒不可能是普通辣椒，而是由"辣椒大王"邹学校院士亲自确定的辣椒品种，并且还必须是采购于同一季节最新鲜、最优质的螺丝椒；费大厨的肉也不是普通的猪肉，而是来自湖南宁乡精选的土花猪；即便是炒肉的酱油，也精选传统工艺酿造的非转基因大豆酱油；同样地，生产环节也要精心设计，费大厨一改辣椒炒肉直接上桌吃的方式，专门设计了一套带炉餐盘，并配大勺用于翻舀汤汁，充分展示辣椒炒肉的色、香、味。此外，其他的生产流程、制作工艺，任何一个细节都会影响辣椒炒肉的口感。

在销售渠道上，费大厨还必须让客户知道并买到。当然，我们并不清楚费大厨是否做外卖，但如果是由我们来做决策，我们会选择不做外卖。因为虽然我们不懂做菜，但是我们知道中国菜讲究锅气，一旦离灶时间太长，再好吃的辣椒炒肉，用户也感受不到那种顶级的味道。因此，我们宁愿牺牲销量，也要追求品质和用户价值。因为最终一切都是为了震撼用户。谁能笼络住更多的用户，谁就掌握了最宝贵的资源，谁就能发展得更好。

实际上，一道菜背后的竞争，远远不是一家企业与另一家企业之间的竞争，而是一条产业链与另一条产业链之间的竞争。这道菜本身的竞争是显性的，但其背后隐性的竞争其实体现的是企业对全产业链的控制深度。整条产业链组成了一个价值传送网络，最终竞争的结果是由其最薄弱的环节决定的。

本质上看，全产业链竞争不是一个点的竞争，而是点、线、面、体的竞争。以麦当劳的汉堡为例，这个全产业链竞争的第一段是供应链，而供应链的第一段是原材料，汉堡中的一个主要原材料是面粉，那么麦当劳要沿着面粉往前推，研究小麦的品质，而小麦再往前推是小麦的种子，其复杂度可见一斑。为了控制品质，做到精益求精，为了超出用户价值期望，麦当劳需要把所有产业链全部打通。所以，要做好任何一个产品都是极其不容易的。真正的企业家一定是产品大师，从地头到舌头的每一个环节，都需要专注聚焦和持续改进，这需要极其强大的工匠精神。

最后，品牌体现在哪里？在每一位客户的心里。费大厨要打造品牌，就必须在客户心中拿到辣椒炒肉这道菜的金牌。

品牌是什么？知名度、美誉度和忠诚度。品牌要有穿越周期的能力，品牌活的时间越长，用户对你的信赖程度就会越高，与你的黏性就越大。通常来说，大家肉眼可见的是产品的服务、功能、技术等，但是品牌可以超越功能和产品利益，定位于强大的信仰和价值，在情感层面锁定顾客。因此，要做成品牌，企业还需要持续聚焦钻井，赋予产品一些看不见的价值：文化、信念、信仰、价值观。

企业家要把品牌做得像人。请注意，产品不是产品，产品是人。既然是人，那么"他"应该是有温度的、有灵魂的、有信仰的、有价值观的。就像大家喜欢香奈儿，实质上是一种人格认同，希望自己能够像香奈儿一样。

企业要做到这个程度，才能从品质第一走到品牌第一。而要做出这种深度价值，可能需要企业家一辈子的专注聚焦，甚至需要几代人的专注聚焦，最终才能真正俘获用户的心，真正把你的品牌烙在用户心上。最后，一家顶尖公司就是要让产品自己说话，让产品像病毒一样自传播。有了品牌，产品才能像病毒一样自繁殖。

反观中小企业，过去很多企业做产品太粗糙了，把产品的竞争看得太简单了，所以才做不出精品，拿不到第一块金牌。只有在用户心目中拿到金牌，用户才会从消费一次变成消费一世，这样量才能起来。

拿到第一块金牌意味着什么？一旦你拿到第一块金牌，就等于你打通了夺冠的路径，你的整个团队的思维和能力都积累起来了，全产业链也被你打穿了。接下来，你再拿第二块金牌、第三块金牌就容易了。

相反，是什么让大多数人违反了商业的逻辑？还是源于人性的弱点——自私和贪婪。因为大多数人只想让自己卖得更多，而不是站在用户的角度思考用户终身价值。最后，任何人都要回到商业的原点：收入－成本＝利润。收入来自价乘以量。支撑价的是价值创新，是以品质取胜；而支撑量的是用户的复购率和转介绍率，满意的用户才是企业最好的销售人员。否则，即便通过广告烧钱引流，客户来了以后，发现你的产品不行，也会走。

因此，在拿到第一块金牌之前，你的量是做不起来的。终极的成功来自哪里？深度。任何企业想要最快地发展起来，必须重视品牌，聚焦于成果，因为"品"需要时间的积累，成果需要资源的积累。很多人总觉得聚焦太慢了，实际上恰恰相反，你要赢得用户的心，聚焦恰恰是最快的路。除此之外，没有任何捷径。你打造一个品牌需要 10 年，其他人再进入这个领域，打造一个新的品牌也需要 10 年。这个时候，"聚焦＋时间"就成了企业最大的"护城河"。

为什么许多传统企业今天活得很艰难？根源就在于过去没有花时间积累。如果企业不能在一个方向形成可叠加的进步，就难以完成有价值的积累，无法形成自己的核心竞争力。中小企业的资源尤其有限，在资源总量上无法与行业龙头竞争。但是，如果企业能够将资源集中起来，投入一个尖刀产品，从而创造局部资源优势，则有可能在局部创造"以多胜少"的局面。所以，要摆脱这种艰难的处境，没有什么灵丹妙药，必须回到原点，苦修笨功夫。这段修行看似缓慢，但随着时间的推移会产生强大的力量，因为聚焦是集中时间和空间的一切资源去做积累。最后你会发现，聚焦其实是最快的路，而不是最慢的路。这是企业家必须突破的一个认知误区。

在 30 多年的职业生涯中，我们见过的所有成功人士，他们的成功都来自踏踏实实把产品做好，来自专注聚焦、死磕品质精神，来自把一件事情做深做透，把用户价值做到第一。当然，在这个过程中，他们的用户也会被低价诱惑。但是，当用户发现没有得到预期的用户价值时，最终他还会回来。说白了，真正能够活得久的企业，都是用户挑剩下来的企业。

产品竞争的演进：从产品到用户终身价值

行文至此，我们最后再回到原点来讨论：产品的本质到底是什么？其实前文已经给出了答案：在今天这个时代，产品的本质是用户终身价值。你可能注意到了，这里用到了一个词——今天，因为我们认为，商业逻辑随着供需格局的变迁、企业的竞争也经历了三个阶段的演进。

工业革命以后，整个社会组织就是传统金字塔形的低成本工业化生产，市场供不应求，竞争不是特别激烈。这一时期诞生了诸如可口可乐、麦当劳、福特汽车等非常优秀的企业，它们将成本降低后大规模生产，这就是工业化的产物。

随着工厂越来越多，产品出现过剩，怎么办？这时企业家别无选择，他必须思考创新，思考用户到底要什么，从工厂思维转变为市场思维，从产品思维走向价值思维。请注意，从第一阶段到第二阶段，创造价值的方式已经发生了根本性的变化：最早的产品思维是通过产品制造赚钱，而到了产品过剩的第二阶段，现实逼迫企业家从产品思维转向用户思维，因为用户要的不是产品，而是价值。为了创造出更大的用户价值，企业必须创新做差异化。

然而，创新产品进入市场以后，会迅速出现一批模仿者，这个问题又要怎么解决呢？这时你会发现唯一的方法是回到用户这里。我们不能盯着竞争对手，而是要以用户心为心，要比竞争对手更深、更好、更快地满足用户的需求。并且，这种满足不是一次性的满足，而是一辈子的满足。企业要创造用户终身价值，最终你的产品不仅仅是做好品质，积累出品牌，更要上升到文化习惯，上升到用户的内在信仰系统，扎根到用户心中最深的地方。就像可口可乐，消费者喝的不是饮料，而是美国文化。

因此，企业家要经历两次跃迁。一是从产品竞争升级到价值竞争。今天很多老板的思维还停留在产品竞争的阶段，先工厂，后市场。但是，用户买的不是产品，用户买的是价值。谁解决了用户价值，谁就赢得了客户。二是从价值竞争升维到用户终身价值竞争。假设用户第一次消费的预期是追求100分。如果卖方提供了120分的用户价值，就会超出用户的期望。下一次，他们的期待会上升到120分，这120分又会变成用户价值新的基准线。如果企业还想超出用户的预期，则必须提供140分的用户价值。所以，用户对产品价值的预期会逐渐升级，他们的期待感呈一条上升曲线，如果企业的产品不能随之创新，不断使用户价值超出用户预期，想要维系顾客的忠诚度会非常难。

用户为什么会买我们的产品？一切都是基于用户价值，基于你在上一章找到的那个符号——你等于什么。但是，这个用户价值不是说出来的，而是要做出来的。你可以说你的价值是"好吃"，别人也可以说它的价值是"好吃"，真正比拼的不是谁说得好听，而是谁能把这个用户价值做到最深。

这个深度来自哪里？来自专注聚焦的研发，从领导者层面就极其重视基础研究。凭什么你说做到了好吃？你是怎么做到好吃的呢？客户先听到了你"有何不同"，接下来还要问"何以见得"，要回答清楚这个问题，企业就必须对用户价值进行深度研究。

从"十四五"规划和2035年目标规划来看，我们判断未来所有中国企业都会成为研发机构。就像今天的华为、阿里巴巴等巨型企业，它们对于研发极度重视，投入大量的人力、物力、财力。为什么？因为这关系到它们真正的核心竞争力，而核心竞争力的打造是一个长期积累的过程。

今天中小企业最大的问题在于，在用户价值上做得太浅了，浮于表面，没有真正的核心竞争力。许多老板只关注前台的销售，左手进货、右手卖货，这种企业怎么可能有什么差异化呢？真正的企业家一定是从后台开始做，他要对产品进行深度研究，对用户价值进行深度研究，最后他看到了一般人看不到的问题，并持续突破自己的边界。

因此，我们呼吁所有企业家：经营企业必须回到用户价值，重视用户价值背后的底层逻辑。以终为始来看，你会发现产品必须持续黏住客户，创造用户终身价值。这个时候，你别无选择，必须持续聚焦、专研、改进，这条路永远没有终点。最终，从用户的角度来看，要的是一生一世，而从企业家的角度，则必须一生一事。

第四章

人才战略：
从经营产品到经营组织

从 0 到 1 靠经营产品，从 1 到 N 靠经营人才

从战略设计到价值创新，再到产品战略，前文基本解决了从 0 到 1 的问题，接下来企业从 1 到 N 靠什么？组织发展和人才复制。

在课堂上，我们经常会做一个小调研：作为企业家和管理者，你有没有把 60% 以上的时间花在选人和育人上？举手者基本上寥寥无几。时间花在哪里，结果就在哪里。时间是你最大的资源，也是你最大的成本。如果你没有把 60% 以上的时间花在选人和育人上，那么会带来什么问题呢？先给大家讲一个故事。

1937 年，美国有一对兄弟在自己的家乡开了一家汉堡店。1937—1945 年，兄弟俩凭着对汉堡的一腔热情将这个汉堡店做得非常成功，也赚到了"第一桶金"。也就是说，

这家企业完成了从 0 到 1 的飞跃：这家企业的产品成型了，商业模式也跑通了。

这时，兄弟俩不再满足于从 0 到 1，他们想要做大，完成从 1 到 N 的跨越。

怎么样才能从 1 到 N 呢？兄弟俩马上想到了一个词——复制。这个词非常经典，因为所有商业最后成功的关键都来自这个词。那么，如何才能实现复制呢？兄弟俩将焦点放在产品复制上。由于他们卖的是汉堡，接下来他们针对店面的选择、产品、定价、营销、服务……花了三四年时间，形成了一整套标准。

1948 年，兄弟俩开始在全美范围内招募加盟商，通过向加盟商贩卖标准，告诉加盟商如何开店、如何选址、如何做产品……当然，条件是加盟商必须向兄弟俩缴纳管理费。1948—1953 年，兄弟俩招募了几十家加盟商，品牌也开始做大了。但是，随着他们不断做大，问题开始暴露。

有一次，一个老人在加盟店吃了汉堡后生病了，不治身亡。老人去世以后，家属将兄弟俩的品牌告上了法庭，最后得出的结论是，老人确实是吃了他们的汉堡导致中毒。作为一家食品企业，这个结论无异于对这个品牌宣判了死刑。随着媒体报道和丑闻的发酵，所有加盟店的生意都出现了断崖式下滑。这对那些加盟店来说是致命的打击，许多加盟商开始扯皮，并拒绝继续缴纳管理费。

一波未平，一波又起。不久，一个年轻人在他们的加盟店吃汉堡，结果打开汉堡，发现上面有一只蟑螂。蟑螂是怎么跑出来的？没有人知道。但是，这件事被媒体曝光以后，汉堡加盟店的生意更加一落千丈。

1954年，就在兄弟俩焦头烂额之际，一个叫克罗克的人找上门来，请求兄弟俩将自己的品牌在全美各地开连锁分店的经销权卖给他，兄弟俩答应了，但提出的条件相当苛刻，规定克罗克只能抽取连锁店营业额的1.9%作为服务费，而其中只有1.4%是属于克罗克的，0.5%则归兄弟俩所有。一心想干一番大事业的克罗克，毫不犹豫地接受了这个条件。

1955年，克罗克在芝加哥东北部开设了第一家真正意义上的现代特许经营店。虽然在此之前兄弟俩也特许他人经营，但管理上极为混乱，严重影响了这个品牌的声誉。

到1961年，这家企业的连锁店已发展到228家，销售总额突破3 800万美元。克罗克终于以270万美元的天价从兄弟俩手中买下了这个品牌。从此以后，克罗克完全按照自己的经营逻辑来做，他的目标非常清晰，要把这个汉堡店从小地方开到大城市，开遍整个美国，再开遍全世界。为此，他抵押了自己的所有财产，全身心投入。

你大概已经猜到了，这个品牌就是今天的麦当劳。今天麦当劳在全世界非常成功，一年净利润超过400多亿美元，市值约1万亿元。但是，它的成功并不是源于创始人麦当劳兄弟，因为兄弟俩只做了几十家店就状况频出，真正让麦当劳走向世界的是这个叫克罗克的人,他才是当之无愧的"麦当劳之父"。

"麦当劳之父"克罗克是靠什么成功的呢?事实上,他走的也是复制之路。不同的是,麦当劳兄弟复制的是产品,而克罗克复制的是人才。1961年,克罗克收购麦当劳以后,马上着手做了一件事:在麦当劳一家门店的地下车库成立了麦当劳汉堡大学,这是全世界第一所汉堡大学。麦当劳在地上生产汉堡,在地下生产人才。

最后,麦当劳成功靠什么?表面上看是靠复制门店,但实际上支撑门店经营的是人才复制。从那以后,麦当劳的焦点放在人才复制而不是产品复制上。也就是说,正是先人后事的逻辑,才开启了真正的麦当劳王国。

你知道麦当劳兄弟和克罗克的区别在哪里吗?麦当劳兄弟没有把焦点放在人的身上,这是他们最大的失误。在一个组织里面,基本上可以分为两类人:一类人关注事,另一类人必须关注人。所有的专家和一线员工的工作都应该关注事。然而,只要走上管理岗位,即便是一个小组长,甚至是带教师父,他的工作就不再是以事为导向,而是应该以人为导向。因为领导者的绩效是通过别人完成的。如果你领导10个人的团队,你需要关注手下的10个人;如果你领导100个人,你就要关注100个人……

管理者最大的职责是通过别人拿结果,所以一定要把关注点放在人上。正如韩非子所言:"下君尽己之能,中君尽人之力,上君尽人之智。"一旦管理者错误地把焦点放在事上,他就会累得鸡飞狗跳,并且效率极低。因为他只有一双手,一天只有24小时。一旦手停了,业绩就停了。所以,职位越高的领导者,越需要把焦点放在选人和育人上。选人意味着什么?让别人为你工作。育人意味着什么?复制人才,提升绩效,成就员工,推动组织裂变。只有帮助下属成功,你才能成功,这是人才战略的本质。

麦当劳兄弟为什么最后做不起来?因为麦当劳兄弟不是领导者思维,他们是典型的个体户思维,个体户只会把焦点放在自己的事情上。虽然他们想到了产品复制,但没有想到人才复制。当然,也许他们也想到了,只是他们不愿意把时间花在人的身上。

这也是今天很多中小企业没有做大的原因。即便他们的价值创新和产品战略都做对了,没有人,前面一切都是空的。当你是个体户时,你只有一双手,最多再带上你的兄弟姐妹、妻子孩子、表哥表姐……你没有搭班子、带团队,没有全面地进行人才批量生产,没有建立人才工厂,你的企业就不可能做大。

人是一切的创造,只有人能够创造财富,所以人才战略是第一战略。所有的组织,不管是国家还是企业,全部都遵循这个规律:先人后事,人在事前,没有人就没有事。

再回到收入公式的原点来思考这个问题:收入=价×量。这个"量"来自哪里?从用户的角度看,量来自老客户的复购率和转介绍率；从自身的角度看，企业必须先强后大。什么是强？是人才通过创新做出差异化的产品，用独一无二的价值黏住用户。什么是大？还是来自人才复制，企业必须重兵投入推广和渠道，最终人才的量决定了收入的量。

令人欣慰的是，今天很多中小企业家已经意识到了人才的重要性。曾经有一位来自四川的企业家告诉我们，过去他认为自己公司的董事长和总经理都可以算标杆人物，但转头一看，下面的团队确实青黄不接了。上完课以后，他真正要求自己把60%以上的时间花在人才上，放在选人和育人上。所以，现在他会在收到简历的第一时间亲自给应聘者打电话，无论当时是半夜12点还是早上6点……他真切地感受到自己成了公司的首席人才官。而时间给予他的回报是什么？他兴奋地同我们分享：今年真的有许多高管慢慢沉淀下来了。

组织的进化：从一根草到一床草席

当企业通过产品创新完成从0到1时，企业会迎来一个快速发展的时间窗口期。如果这个时候企业的人才跟不上，组织裂变的速度太慢，不能快速地从金牌复制到规模，就会白白错失这个时间窗口期。因为在复制者来了以后，企业的创新红利就消失了，在用户心中独一无二的差异化价值也会逐渐淡化。这时，悲剧就发生了：你会发现自己起了个大早却赶了个晚集。所以，从1到N这一阶段，企业发展一定要快。

如何才能快速实现从金牌到规模呢？企业家一定要着手编

织组织，甚至在产品成熟之前，你就要开始着手准备这件事。从麦当劳兄弟到"麦当劳之父"克罗克，本质的改变是什么？进化出了组织。

什么是组织？顾名思义，组是组合，织是编织。也就是说，组织就是为了达成一个共同的战略目标，将一群人科学、有序地组合和编织在一起，这是每位企业家都必须解决的问题。

从本质上看，企业之所以需要发展组织，源头可以追溯到企业的基因选择。当你选择成为一只雄鹰时，这个高远的战略目标就决定了你一个人干不了。所以，你必须把一个人变成一群人，并且还得前赴后继、生生不息，才能支撑战略目标的实现。所以，企业的战略目标越高远，组织发展的需求就越迫切。

打个不太恰当的比方：组织就是要从一根筷子到一捆筷子、从一根草到一床草席。众所周知，一根筷子很容易折断，但是一捆筷子很难折断；一根草会随风摇摆，而一床草席却能遮风挡雨。因为草席经过编织以后，它的本质和功能发生了变化。草席有了紧密度，能够隔温隔热，这是一根草无论如何也做不到的。所以，当企业家发现个人的力量太渺小时，才会意识到组织发展的重要性。

一言以蔽之，组织发展是一个"点—线—面—体"的进化过程。当你是个体户时，你就是一个点；等你有了两个人，就能连成一条线；随着更多人的加入，你们可以形成一个面；最后，不仅企业内部纵横交错，而且将全产业链的利益相关者全部编织进来，组织就进化成了体。事实上，企业家最大的创造力，就在于创造了这个体。

任何一家伟大企业的成功，一定来源于组织的成功。

中国最伟大的创业团队是谁？中国共产党。1921年，仅有13位代表参加第一次全国代表大会，这13位代表平均年龄只有27岁，全部都是老师和学生。鉴于当时党员人数少、地方组织尚不健全，决定暂不成立中央委员会，而是先建立三人组成的中央局。这三个职位分别是什么？一个书记，两个主任。这两个主任是关键：一个是组织主任，另一个是宣传主任。组织主任负责选人，而宣传主任负责育人。

这说明什么？这个组织的基因对了，高手一上来就抓住了关键——组织发展。因此，在毛主席的语言中，随处可见"组织"一词。1953年，毛主席说："现在中国人民已经组织起来了，是惹不得的。"[1] 这句话的背后折射出什么？旧中国和新中国真正的差别，就在于组织起来与否。因此，"组织"一词的力量，远远超乎我们的想象。

这个世界上最具竞争力的是组织，没有一家企业能够凭借创始人的一己之力成功。所以，如果一个老板创业，最后没有去发展组织，就大错特错了。而且，组织工作天生是个慢活儿，没有捷径可走，只能靠时间慢慢积累，靠一砖一瓦建设，这也是经营组织最大的挑战所在。

---

[1] 毛泽东.抗美援朝的伟大胜利和今后的任务［M］//毛泽东选集：第五卷.北京：人民出版社，1977：101-106.

具体来说，经营组织包括哪些工作呢？我们从实践中提炼出了一套模型（见图4-1），下文我们将围绕这个人才战略的组织发展模型展开阐述。

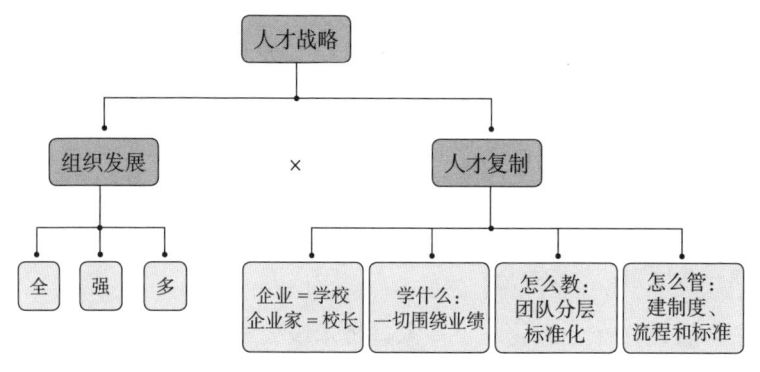

```
                        人才战略
                           │
            ┌──────────────┴──────────────┐
          组织发展          ×            人才复制
            │                              │
        ┌───┼───┐              ┌────┬────┬────┬────┐
        全  强  多            企业=学校  学什么：  怎么教：  怎么管：
                              企业家=校长 一切围绕业绩 团队分层  建制度、
                                                    标准化    流程和标准
```

图4-1 人才战略的组织发展模型

唯有人才辈出，才能业绩倍增

经营组织的第一步是发展组织。用大白话来讲，企业家首先要学会搭班子。

在服务中小民营企业的过程中，我们注意到一种奇怪的现象：很多中小民营企业都是夫妻或者兄弟共同创业，一个当董事长，一个当总裁。从出生开始，这个组织就不健全。这种企业仿佛天生就是一只两头鸟。当一家企业有两个头时，其员工就蒙了，因为他们不知道该听谁的。

因此，在发展组织之前，首先要明确：真正的组织只能有一个头。任何一家企业都必须有唯一的当家人。对中小民营企业而言，可以由董事长兼任总裁。但是，如果这两个职位是分

101

开的，董事长就不能直接介入管理，只能管总裁，再由总裁负责搭班子。切记，无论你和谁一起创业，都必须分工有序：董事长管总裁，总裁管副总裁，副总裁管总监……以此类推，各个层级要明确。

在企业明确了组织的一把手以后，接下来，总裁就可以开始搭班子了。搭班子的逻辑是什么？抓住三条关键原则：一是功能要全，二是将要用强，三是兵要多。

第一条原则：功能要全

假设你在上海成立了一家过桥米线公司，现在你想要做成世界第一鲜的过桥米线，这个过程绝不可能如你想象的那么简单：去菜市场买肉买菜，然后熬汤做米线，最后卖给顾客。按照这个套路，你不可能做大。因为你没有深度研发，你的过桥米线不可能有差异化。要为用户创造终身价值，你的背后必须有分工合作。

一个健康的企业就像一个健康的人，心、肝、脾、肺、肾一个都不能少，因为五脏各有分工。麻雀虽小，五脏俱全。再小的企业也必须功能齐全，也要有组织的"五脏"：人、财、物、销、网。这是当下企业应有的标配。

人是什么？人力资源。经营企业首要的就是人力资源。李开复曾经在一本书中介绍过自己服务的三家公司：微软、谷歌和苹果，这三家公司有一个共同的特点：高度重视人才。其中有一个细节，描述其中一家公司招聘官与员工的比例达到了

1∶50。除了重视人才的入口，人才招进来以后，企业还要对人才进行培育。如前所述，中国共产党创业的逻辑也是一样，即便在组织不完善的情况下，也要首先解决选人和育人的问题，这些都是人力资源的职责。但是，很多中小民营企业一出生就缺胳膊少腿，它们没有人力资源部，或者干脆由办公室主任兼任人力资源负责人。事实上，人力资源是相当专业的部门，覆盖人才选、育、用、留的全周期管理。仅仅以人才选拔为例，就涉及人才的标准、渠道……这些专业工作都不是办公室主任能完成的。我们千万不要迷信样样皆通的全才，这种人更可能是一无是处的"万金油"。

财是什么？财务管理。经营企业需要钱，你的资金从哪里来，用到哪里去？如何使用和管理资金才更有效率？如何让每一分钱都实现投资回报率最大化……这些都是财务部门需要解决的问题。很多中小民营企业对财务的理解就是做账、报税，这种低维的认知最终导致了很多企业这一功能的缺失。一旦缺失了这个功能，企业就很难做大。

物是什么？包括整条供应链的设计、生产、研发等部门。

销是什么？这里的销不仅仅指销售部门，而是要解决让客户知道并买到的问题。因此，销包含推广和渠道。推广解决让客户知道的问题，渠道解决让客户买到的问题。

网是什么？过去，企业通常只有人、财、物、销四大部分，然而，在今天的互联网时代，企业还必须覆盖线上、线下，线上包括互联网、移动端的建设，线下包括企业各部门的数字化建设，如CRM（客户关系管理）软件、流程数据化等。

为什么组织必须功能齐全呢？目的是取长补短，优势互补。只有功能齐全，才能保证整个经营系统的完整性，确保组织各部门协同，形成合力去实现客户价值。分工是组织的起源，人、财、物、销、网等各类职能构成了企业完整的价值链。企业在进行组织设计时，要考虑的第一个因素就是价值链分工，通过价值链分工，确定组织架构的设置。

一般来说，即使规模再小的企业，总裁也至少要配齐以上"五大天王"，另外，"五大天王"还要继续搭班子，各自配齐副职，组成"十大金刚"。因此，从组织架构上来看，总裁的知识面必须宽，因为人、财、物、销、网都必须横向覆盖，而下面的"五大天王""十大金刚"则必须纵向发展、专精深。

请注意，这里只是以总裁为例阐述搭班子的逻辑。但是，这并不代表只有高层管理者才需要搭班子。实际上，搭班子也是一个从上到下的系统工程，只要是管理者，就必须培养搭班子的意识和能力。从总裁往下，每条专业线的管理者都需要层层搭班子。

在行动教育，上到总裁，下到部门经理，都必须学会搭班子。比如，公司规定每个部门经理至少要管理6名员工。那么，这6名员工应该怎么来管呢？这时，部门经理需要搭班子：从这6个人中选出3名教官，组成师父团队。然后，由每位师父分别带教1名新员工，这样管理团队就简单多了。否则，如果这个部门增加到10个人，那么靠部门经理一个人肯定管不过来。只有通过搭班子，这个团队才能快速实现复制和裂变。

因此，组织发展是一层一层往下推的。企业就像军队一样，从师长、团长、营长、连长、排长到班长……只有像这样一层抓一层，总裁抓副总裁，副总裁抓总监，总监抓经理，经理抓教官，教官抓新员工，组织才可以快速实现裂变。只有通过层层搭班子，才能培养出更多的干部，保证人才梯队建设跟得上，真正实现人才辈出。

第二条原则：将要用强

古人云，用师者王，用友者霸，用徒者亡。刘备之所以能开创伟业，不是因为他自己强，而是因为他善于用强将：诸葛亮比刘备强，赵云比刘备强，张飞比刘备强，关羽比刘备强……任何一个组织要想强大，首先是人力资源强大，因为人是一切的创造。

当然，有人会觉得别人的才干可能构成对他本身的威胁，这是人性使然。但是，我还从未看见谁会因用强将而失败，反而成功者却将用强奉为一生的原则。正如美国"钢铁大王"卡内基的墓志铭上写着的：这里躺着的人知道选用比自己能力更强的人来为他工作。

在管理学上，有一条著名的奥格尔维法则，据说这条法则来源于一个真实的故事。

一次董事会上，美国奥格尔维·马瑟公司总裁奥格尔

维在每个董事面前都摆了一套俄罗斯套娃。董事们面面相觑，不知总裁何意。奥格尔维说："大家打开看看吧，那就是你们自己！"董事们打开套娃后，发现大娃娃里有个中娃娃，中娃娃里有个小娃娃，小娃娃里有一个更小的娃娃……这些娃娃一个比一个小，直到他们打开最里面的娃娃时，看到了一张小纸条。纸条上写的是："如果你经常雇用比你弱小的人，将来我们就会变成矮人国，变成一家侏儒公司。相反，如果你每次都雇用比你高大的人，那么日后我们必定会成为一家巨人公司。"

因此，不仅是董事长要找比自己强的人才，所有的领导干部都要用强。假设你手下有7名员工，那么招进来的新员工一进来就应该排第一，而不是排老幺，这就倒逼领导者必须精挑细选。这样一来，原本的第七名可能要出局，人才就流动起来了。

究其根源，一家企业对人才的选择标准其实是由战略目标决定的。如果你立志要成为一只不一样的雄鹰，定位世界级标准，那么你就必须匹配世界级的人才，这才符合战略的一致性原理。就像行动教育，既然战略目标是要成为世界级商学院，那么我们就不会在四川找老师，不会在北京找老师，而是要放眼全球，找到顶级的老师。最终，企业的战略目标其实就决定了企业的人才标准，决定了企业的人才结构。

第三条原则：兵要多

为什么兵要多？我们还是要回到收入公式的原点来思考：收入＝价×量。量是如何做大的？靠的是老用户的复购和转介绍。而复购和转介绍不是自然而然发生的，它们背后都要靠营销团队来支撑：首先，企业要有市场推广的"空军"，通过广告宣传、品牌活动等方式进行地毯式轰炸，解决让客户知道的问题；其次，企业还要组织"陆军"对渠道进行饱和式攻击，解决让客户买到的问题。比如，麦当劳是怎么做大的？归根结底是靠门店扩张：从1家店、2家店、3家店……到3万家店，每个店都需要店长。店长越多，企业渠道就越多，最后销售量就越大。因此，营销部门的职责就是攻城略地，而攻城略地需要千军万马，从军长、师长、团长、营长、连长、排长到班长，所有管理者都需要兵力。所以，企业一定是先有人才增长率，后才有业绩增长率。

如果没有人才增长率，企业的业绩就不可能增长，甚至还会出现负增长。因为在攻城略地的过程中，你的队员死的死、伤的伤、跑的跑、丢的丢……即便你千辛万苦稳住了队伍，也抵抗不过人的惰性。一场接一场战斗会让人疲惫和怠惰，战斗力会下滑。所以，你必须补充兵力，优先保证人才增长率，才能保证业绩增长率。

尤其值得注意的是，在今天产品过剩的市场环境中，竞争越来越白热化，经营的逻辑从产品竞争转向市场竞争，从生产导向转向用户导向，最后的战争是以用户终身价值为导向的。

因此，企业配置兵力的逻辑也要随之转变过来。比如，过去投入生产线与营销线的兵力配比是10∶1，今天企业的兵力配比需要倒过来——变成1∶10，甚至有的企业会拉伸至1∶20。

最终，判断一家企业搭班子的水平高低的标准就是其是否做到从全到强，再从强到多。你有没有"五大天王""十大金刚"？这些人手底下有多少精兵强将？你的营销线拉了多长？兵力有多少？如果今天你已经创业10年，却还没有自己的子弟兵，那么最后怎么可能打赢别人呢？

因此，领导者必须把精力和时间花在招兵买马与人才复制上。每个管理者都是人力资源官。如果没有兵，就要把将撤了。在行动教育，我们考察任何一个管理者，手下最低配置是6个人。一旦低于6个人，管理者会被撤职。针对管理者，我们会优先考核人才指标，管理者的底薪与人才指标直接挂钩。对于部门经理级别以上的管理者，专门设置了人才奖金。与此同时，所有管理者都必须按照团队业绩享受提成，手底下员工越多，管理者的收入就越高。如此一来，各种机制也会倒逼领导者把焦点放到人身上。

反观今天很多中小企业的老板和管理者，他们根本没有抓组织建设，没有搭班子，没有把焦点放在人身上，他们只知道做事，把自己累得焦头烂额、鸡飞狗跳，到最后企业还是青黄不接、人才断档，自己甩不开手。实际上，真正的组织发展是一浪超过一浪，唯有前赴后继、生生不息，才能支撑组织的可持续发展。通过一代又一代人的努力，才能真正帮助企业成为一只不一样的鹰。

人才复制：开动人才生产线

班子搭好以后，组织发展接下来的第二个关键动作是什么？人才复制。除了组织发展，企业家和管理者还要在员工培训上投入大量的时间和资源，因为员工的成长是企业成长的基础。一个成功的企业没有差员工，一个失败的企业没有好员工。

假设今天你要开一家世界级过桥米线店，那么就不是开一两家店的问题，而是至少要开1万家店。这就意味着企业至少需要1万个店长、3万个店员。请问，这些人从哪里来？如果仅仅靠外部招聘不足以解决问题，企业还必须构建自己的人才生产线，源源不断地为企业输送优秀人才。这时，企业就不仅仅是一家企业，而是一所培育人才的大学。

商业的本质是成就他人，对外成就用户，对内成就员工。因此，领导者的第一职责是成就员工。从领导者把员工招进公司的那一刻开始，他就要帮助员工持续成长，把员工从新兵打造成精兵，再从精兵打造成强将。

员工的成长来自哪里？教育。因此，最有效的办法就是把企业当成学校，把企业变成人才工厂，把企业家变成校长，把领导变成老师。20世纪90年代，风驰传媒的门口就写了一句话：我们是学校，不是企业；我们生产人才，不生产产品。

然而，在实际经营过程中，很多企业家都没有意识到教育的重要性。我们曾经面试过一家著名地产企业的企业大学执行校长，我们问他："你们董事长重视企业大学吗？"

他回答说："非常重视，集团每年为企业大学投资2亿元。"

我们追问道："哦，那他亲自去授课吗？一年大概去企业大学几次呢？"

他告诉我们："董事长不会亲自授课，每年大概到访两次，基本都是去开预算会的。"

显然，这位董事长并不是真正重视教育。虽然他每年为企业大学投资2亿元，但一把手最重要的投资并不是钱，而是时间和精力。所以，毛主席是校长，蒋介石是校长，杰克·韦尔奇是校长，马云是校长……而我自己也是行动大学的校长。只有一把手亲自担任校长，才能真正落地人才复制。而要想落地企业大学，首先领导者自己在学习上必须率先垂范、躬身入局，给大家讲讲自己的心路历程。

2014年我出任行动教育总裁以后，在制定集团的5年战略时，我们已经看到了线上教育的趋势。要想完成行动教育成为世界级商学院的战略目标，这意味着我们必须学习新科技，拥抱互联网。因此，我们在公司做了一次全员总动员，将2014年4月3日定为行动教育的互联网日，并发布了行动教育未来10年的大智移云战略。

然而，我个人之前也从未接触过互联网，但是这并不能阻止我们拥抱它的步伐。在定下大智移云战略之后的5年间，我开始如饥似渴地学习与互联网相关的知识。

5年间,我学习了100个互联网大佬的视频和音频课程。从2014年开始,每天早上6点起床,起床的第一件事情是打开音频,接下来从吃早餐到上班路上的一个多小时全部用来学习。如果恰巧中午还有时间休息20分钟,在闭目养神的同时,也会同时收听音频课程。

5年间,我总计阅读过200本与互联网相关的书籍。其实从创业开始,30多年来我始终保持着一个习惯——每天晚饭后学习2~3个小时。也就是利用这段时间,我阅读了200本与互联网相关的书籍。

5年间,我带着行动教育的CIO(首席信息官),一起学习了两所名校的相关课程。2015年,我们在上海交通大学学习了为期一年的互联网班;紧接着,我们又去硅谷最著名的旧金山大学学习了历时两年的数字化转型课程。

经过如此高密度的学习,我逐渐理解到互联网是一个集成技术,它大体可以分为三大技术:IT(信息技术)、CT(通信技术)和DT(数据处理技术)。

接下来,我们一边学习,一边实践。从2014年开始,公司就要求改变全员上下的作业模式,所有人的工作流程全部必须在线化:你拜访过什么客户,在什么时间节点拜访的,拜访的内容是什么……所有信息全部都要录入CRM系统。首先,通过CRM让公司的管理和产品在线;其次,公司又推出行动在线商学院,这意味着我们的客户在线、员工在线……如此一来,业务、客户、产品、收入、管理全线打通。

战略不是喊口号,而是做出来的。当然,这些事情都不是由我亲自指挥,早在数年前,我们就花了4个月的时间邀请到用友公司前任副总裁王海升老师出任行动教育的CIO。既然有专人负责,为什么我自己还要学习呢?因为我是最终决策者,老板就是公司的天花板。如果自己不学习,我就没办法做决策,事情就无法推进下去。当CIO告诉大家要上线系统时,一定会有反对的声音:"过去只要成交客户就好,现在所有过程全部都要往线上走,太浪费时间了,太麻烦了……"但是,我要告诉大家为什么这么做,一切为了未来。

未曾料想,后来正是由于公司上线了这些数据系统,行动教育才得以顺利在主板上市。要知道,在今天的教育行业,没有一家教育公司能够在中国资本市场上市。为什么?因为教育行业的客户太分散了,收入无法证明,成本无法证明,审核起来难度非常大。中国上市公司大多是工业公司,因为这类公司客户简单、供应商简单、销售简单、成本简单……审核起来相对容易。所以,当行动教育开始走上市审批流程时,证监会提出要进行现场核查,最终派出了18名财务专家、法律专家到行动教育进行现场核查。

核查组组长首先单独找我们谈话,开门见山直接让我们撤材料。我们不理解地问他:"为什么要撤材料?"

他直截了当地告诉我们:"你们经不起查。如果查出来问题,就不是撤材料能解决的问题了,直接就是违法。况且,以你们这种模式,如何才能证明你们的收入呢?如果收入不清晰,还怎么上市？"

"你看我们的内容再说嘛！"

"不用看，中国这么大，哪里有一家教育公司上市？它们都去美国、中国香港上市，你在中国内地上什么市呢？审批条件就放在这里。"

"我们可以用数据说话。"

"我知道你们的数据。"

"我们的数据不像你想象的，我们有强大的在线数据系统，我们可以把每一分钱的来龙去脉都找出来。"

"你真的敢吗？"

"敢！"

"好，你给我们准备 18 张行军床！"

就这样，专家组在行动教育的多功能会议室住下了，他们花了整整 40 天的时间将行动教育所有的账查了一遍，其中涉及的每一笔收入、每一笔支出都要一一查验，并且每一个地方都必须做到环环相扣。这意味着这家公司的管理必须极其细致。

2020 年 11 月 26 日，证监会十八届发审委最终同意了行动教育在主板首发上市。显然，如果没有强大的数据系统在背后支撑，那么行动教育根本不可能在主板上市。其实，我一开始学习互联网技术，只想到了科技的力量对业绩的助益，未曾料想，它会给公司带来管理效益的提升，带来整个公司管理逻辑的改变，更没有想到的是，它会支撑行动教育的上市。

然而，为了完成这场变革，我个人对全员上下做过多少次宣讲和培训呢？整整150天的课程。所以，战略从来不是一句话，校长也不是一个称谓。要想让它们名副其实，你必须躬身入局、刻苦学习、努力践行、培训宣导、考评跟踪……试想一下，如果没有前面的100个视频和音频课程、200本书、两所名校课程，就没有后面发生的所有故事。

除了一把手亲自出任校长，躬身入局外，企业家还必须为企业大学选择一位执行副校长，其核心工作就是建立大学的运营标准和制度流程。然后，在每一条垂直专业线上都设一位副校长，比如人力资源副校长、营销副校长、研发副校长、财务副校长等。请注意，这些副校长并不是从外部聘请，而是由各部门负责人兼任，这就是所谓的"一套班子、两块牌子"。设立这些副校长的目的，就是让企业大学的学习更具针对性、实效性。最后，企业大学还需要设置专门的学习官，对学习的数量和质量进行跟踪检查。

企业大学的班子搭起来以后，接下来就开始着手建立企业大学了。企业大学本身是一套专业的系统，由于本书篇幅有限，无法全面深入地展开，这里只是结合企业在人才培育过程中常见的误区，重点阐述人才复制中的三个关键问题。

学什么：一切为了业绩

企业到底需要学什么？我们的答案是4个字：业绩提升。在任何一家企业，无论哪个岗位、哪个部门的员工，无论参加什么样的学习，学习的核心内容永远必须围绕一个主题：如何实现业绩提升？

企业不是家，领导不是妈。当我儿子告诉我太太"妈妈，我想学踢足球"时，我太太一定会答应。但是，当员工向我提出同样的要求时，我不可能答应。因为企业的时间是最大的稀缺资源，工作的每分每秒都必须产出价值。所以，企业的学习必须真枪实弹，一切围绕业绩提升。打仗打什么，你就要学什么。

比如，针对新员工，你要思考学什么能让他尽快升级为金牌员工，从一年业绩100万元变成300万元。达成这个目标以后，再学什么能让他从金牌员工升级为部门经理，从一个人做300万元到带领团队达成1 500万元的业绩呢？也就是说，如果你是员工，那么你学习完课程后，绩效必须提升；如果你是管理者，学完课程后，你的思维格局、管理能级和管理效率就必须提升。你要学会选人，学会带将，学会让别人工作，学会帮助别人成功。

举个例子，在行动教育，要成为营销部门总监或部门经理，不仅要学习提升销讲能力、咨询顾问能力、大客户经营能力，以及销售心理学等与专业能力相关的课程，还必须懂得团队正能量建设、有效激励、过程管控等团队管理技能。如果要成为一位总经理，就不仅要将价值观落地，而且还要熟练掌握财务报表使用、政府关系协调、销售额及利润管理、主题演讲技能、招聘面试方法、人才发展方案制订。所以，作为一位总经理，其必备的学习和研究课题就包括总经理百分之百担当责任、正能量建设、商业逻辑、领导力模式、打造团队六个一、招才选将、企业商学院建设、果断授权、绩效管理、非财务人员的财务管理、品质为王、品牌的力量、大客户提案、政策趋势分析等。

综上所述，所有这些学习内容，最终都是为了不断提升高、中、基层的胜任力，从而实现业绩提升。

怎么教：团队分层标准化

明确了学习内容以后，整个组织应该如何来教呢？

在行动教育的团队内部，我们首先要对不同的学员进行分层标准化（见表4-1）。以营销团队为例，按照高、中、基3个层级，划分为4条人才生产线：培育分公司总经理的生产线叫将帅营，培育营销总监的生产线叫大将营，培育特种兵的生产线叫特战队，培育新兵的生产线叫新兵连。在不同的培育对象确定下来以后，紧接着企业就可以针对性地将教材体系、教练体系和教学模式一一标准化。

举个例子，在一名新员工进入公司以后，马上会有教官来培训他：这个组织的文化、制度、流程以及标准分别是什么？接下来，教官还会告诉他：第一天做什么？第二天做什么？第三天做什么？具体做哪些动作才能达标？用什么标准来评估他能否晋升？一切培育流程全部标准化了。因为只有流程标准化，才能真正称为人才生产线。

表 4-1　行动教育核心人才营盘运营体系

核心人才营盘	对象	教材体系	教练体系	教学模式
新兵连	0~3个月学习官	学习官手册	业务教练+职能教练	集中学+在线学
特战队	大客户特种兵	特种兵手册	内外部导师+军校教练	集训选拔+在线学
教官营	6个月以上管理储备	教官手册	军校教练+业务教练	集训选拔+直播分享
大将营	营销总监	大将手册	内部导师+军校教练	集训共创+在线学
将帅营	营销总经理	将帅手册	内外部导师	集训共创+在线学
经营哲学班	全集团高层	经营哲学6堂必修课	外聘导师团	集中学+经营方案
内训师	全集团员工	TTT（职业培训师培训）系列课程 大讲师训练	军校教练+商学院教练	集训选拔+每日训练

怎么管：建制度、流程和标准

学习本身是一件反人性的事情，那么，如何才能保证学习这件事情落地呢？企业必须在机制设计上下功夫，设计出相应的制度和流程来保驾护航。

比如，在行动教育，我们设计了多样化的教学模式，形成了独特的"行动式混合模式"，综合采用了读书会、大讲师、任务小组、师徒带教、游学参访、复盘学习、成长面谈、项目集训、研讨沙龙和在线慕课等多种培养方式。每一种学习方式背后都形成了标准化的制度和流程。

以行动教育独创的"大讲师"为例，它就是典型的学习制度。所谓"大讲师"，简而言之，就是在小部门内部，每天每人必须轮流主讲一个主题、一堂课。为了激励大家积极参与，我们还会对大讲师的课程内容进行内部评比。这就好像游戏中的分数排行榜一样，企业也要对大讲师内容的实效性、逻辑性等方面进行打分和排名。所有得分在85分以上的大讲师课程，都会被上传到行动大学网站当作视频教材。迄今为止，公司已经沉淀了2 000多门课程，主要就是靠大讲师的日积月累。上传视频以后，这个流程依然没有结束，公司还要组织内部的行动大选，哪些大讲师的视频点击率高、评分高，就能得到相应的行动币，行动币可以用于购买平台上的其他课程，这个动作是用机制激励员工去做公共分享。

再如，行动教育的"夜校分享"，每周会固定一个时间把标杆的经验、话术、工具表单通过直播分享给全国各地的小伙伴。

所有这些形式的背后，都是希望通过这种机制设计充分调动全体员工的积极性，让所有人都可以成为老师，成为合格的教育工作者。这样既解决了师资问题，也让全体员工在不断学习与分享中收获了教学相长。

我们曾经与不少公司年产值上百亿元的企业家交流，发现其成功的核心秘诀就在于人才复制。甚至可以说，一家企业人才复制的速度决定了企业发展的速度。相反，那些最后沦落为"孤家寡人"的老板，致命的错误就在于没有将自己60%以上的时间都花在人才身上，没有真正重视企业的人才生产线建设。

一个样本：人才项目之"大将营"

多年前，行动教育集团就在构建自己的行动大学。2020年，行动大学一共有8条人才生产线，其中营销线的人才生产线一共有5条——新兵连、特战队、教官营、大将营、将帅营，从下到上覆盖整个公司的营销人员。细心的读者会发现，这也是从新兵蛋子到分公司总经理的晋升路线图。2020年，行动大学一共培养了800名学习官、200名教官、110名总监和50名特种兵。

为了帮助读者更直观地理解人才复制的逻辑，我们就以行动教育其中一个人才项目——"大将营"为例，为大家拆解人才复制的逻辑。

在行动教育，我们把销售总监特训营称为"大将营"。大将营的培养对象是未来的销售总监。那么，参加集训的是哪一个层级呢？部门经理。只要部门经理管理的员工数在6个以上，就可以参加大将营的集训。

那么，行动教育如何培养"大将"呢？我们提炼了一本标准化的培育手册——《行动大将手册》，并严格按照这本手册进行人才复制。这本手册分为4个模块来培养：行动军魂、大将职责、管理模式和制度保障（见表4-2）。

表 4-2 《行动大将手册》内容大纲

项目	必备知识与技能		课题
大将营（管理手册）	行动军魂篇	使命为先 敢打能胜 永争第一	军魂锻造
			战模式四部曲
	大将职责篇	品德/价值观	企业家思维	大将角色认知
		领导力	大将领导力提升
	管理模式篇（211）	精选人才	人才画像、人才来源、人才招选
		精选客户	客户画像、客户来源、客户管理
		战略/战场	核心战略、核心战场、作战流程
		带教	带教流程、工作流程、绩效流程
	制度保障篇	三大纪律规范	业务管理制度	文化及价值观、业务管理流程
		晋升制度	学习制度	晋升通道、学习文化

行动军魂篇

首先，企业要从三个维度塑造大将的行动军魂，培养大将使命为先、敢打能胜、永争第一的精神。

大将职责篇

在第二篇，公司首先提出了对大将的品德要求——"诚信为本、实效第一"，塑造其文化价值观。与此同时，大将还必须具备企业家思维，理解商业的本质是为了成就用户、成就团队和成就社会。

其次，公司重新定位了大将的角色（见表 4-3）。大将的第一个角色是人才官，负责选兵、练兵和强兵；第二个角色是指挥官，负责执行公司战略，并指挥团队打赢战役；第三个角色是教练官，带领员工共启愿景，并以身作则，做好日经营，包括每月启动会、每周绩效会、每日晨夕会，同时做好过程督查，并有效指导员工、及时反馈并兑现奖罚激励。

表 4-3 大将的三个角色

角 色	任 务
人才官	选兵：人才招选和团队组建（10 人以上） 练兵：日常业务服务的场景实战训练、通关 强兵：提升团队专业力（产品、业务、服务）
指挥官	执行战略、指挥战役
教练官	带领：共启愿景、以身作则 带教：日经营（三会一报、过程督导） 三会：每月启动会、每周绩效会、每日晨夕会 过程：过程督查、有效指导、及时反馈、奖罚激励

最后，公司还从两个维度量化了大将的成果标准：一是人才指标，从数量上要求人才招选和团队规模达到 10 人以上，从质量上要求年人均绩效达到 200 万元；二是业绩指标，每人每月至少成交一组校长。

管理模式篇

公司将大将的管理模式提炼为 211 模式。其中"2"代表两个精选——精选人才和精选客户，后面两个 1 分别代表"1 个战略"和"1 个带教"。

大将的一项管理任务是精选人才。在这本手册中，我们详细讲解了人才画像、人才来源和人才招选，每个环节都要细化到最小单元的管理动作。譬如，如果大将要在BOSS（老板）直聘上招选人才，那么具体应该如何操作、如何介绍自己、如何邀约应聘者、如何打动应聘者、如何进行面试、如何测评应聘者的德与才……然后，还要细化到具体的"价值观评估表""面试评估表"等管理者所需工具表格。

大将的另一项管理任务是精选客户。在这本手册中，也细致到了客户画像、客户来源和客户管理，其中每个关键动作、关键工具和关键节点都需要一一标准化。只有将所有动作结构化、简单化甚至傻瓜化，员工才能快速上手。

选对员工、选对客户以后，紧接着大将还要梳理出核心战场以及作战地图。

在行动教育，对大将而言，核心战场只有两个：一个是课程现场，另一个是日常提案。以课程现场为例，整个作战地图也被勾勒得一清二楚：课前、课中、课后分别需要做什么？整个作战地图要细化到每个小时的具体动作、责任人、检查者以及配套的奖罚措施。

最后一个模块是大将的团队带教，其中包括带教方式、带教流程等。带教方式包括心理建设、共启愿景、绩效面谈，带教流程也要细化到每月、每周、每日、每个具体动作要完成的目标成果。比如，每周绩效流程怎么做，每天早上的晨会和晚上的夕会如何开。在晨会的带教中，每一个带教动作都要细化到时间、流程、成果、动作甚至话术（见表 4-4）。

表 4-4 晨会带教流程

时间	流程	成果	动作	话术
2分钟	鼓舞士气	提升状态	1. 总监宣导 2. 鼓励加持	各位家人早上好，今天又是美好的一天，希望大家都能用最好的状态迎接今天，预祝大家收单多多
2分钟	价值传递	提升信心	1. 重大事件通报 2. 大客户见证	在开始工作之前给大家分享下集团最新的战果资讯……
8分钟	目标汇报及时纠偏	明确目标	1. 伙伴按照模板——汇报当天目标、策略、核心障碍、所需支持 2. 总监一对一确认并反馈	接下来请所有家人按这个模板汇报今天的工作目标
3分钟	总结加持	树立信心	1. 总监阐述目标的意义 2. 本周、本月重大事项/紧急事项 3. 伙伴目标达成情况、差距情况	捍卫目标是我们的责任，希望大家今天勇往直前，帮助客户走进课程，期待大家的好消息……

制度保障篇

任何动作的落地，都需要制度来保障。对大将而言，制度保障包括价值观三大纪律、八项注意、客户开发制度、会议制度、电网制度、学习制度、带教制度、读书会购书制度、线上学习制度等。

通过以上案例，你应该已经对行动教育人才复制的逻辑有所了解。事实上，这只是企业人才复制的冰山一角。任何一家企业都有多条类似的人才生产线，企业必须将每一条生产线按照标准化的逻辑,将所有细节和动作全部提炼出来,并形成标准化手册。

由于职业的关系,我们有机会长时间、近距离观察中小企业。结果发现,很多老板本质上是"二道贩子",他们左手拿货,右手卖货。实际上,企业的经营管理需要扎到深处:每人、每天、每件事、每个动作都需要管得非常细。因为只有管理得足够细致,才能保证各个环节的品质,才能真正做到精益求精。事实上,哪怕是二道贩子,如果他的管理不细致,那么业绩也上不去。因为当企业没有标准化时,员工会放羊,效率极低,业绩就是上不去。

企业的失败源于哪里?管理。请注意,企业的成功基于人,但是失败基于管理。一家公司做不起来,通常是由于管理太弱。为什么管理太弱?因为企业从上到下都没有把精力放到组织发展上,没有做到细节管理,没有做到流程管理,没有建制度,没有建标准。所以,人才复制推演到底层,就是从上到下做细节管理、流程管理、标准管理。如果没有标准、制度和流程,那么人才是复制不出来的。

最后,总结归纳一下:人才战略到底要解决什么问题?从个体户到企业家,从一个人到一群人,并且这群人必须前赴后继、生生不息,企业最终才能做强做大。而做强做大来自哪里?来自人才的数量和质量。人才数量靠的是企业招选的入口大,而人才质量靠的是培育和复制。这就好比培养一名冠军运动员,首先要选拔冠军苗子,其次必须对他加强训练,最后他才可能赢得冠军。人才复制也遵循同样的逻辑：首先苗子要选得准，其次还要培育好。这两件事情都需要企业从上到下的领导者花费足够的时间和精力，重仓人才。

经营企业的时间越长，企业家越会认识到组织力量的强大，一切成功都来自组织。组织决定了企业的大小，决定了企业发展的快慢。即便一家企业能凭借市场机会迅速做大业绩，但是，如果它的组织在萎缩，人才在流失，这家企业就没有未来。因此，今天的企业家最重要的任务就是打造一个战无不胜的组织，先从搭班子开始，排兵布将，建立人才梯队，接下来自己还要躬身入局，从上到下做好人才培育和复制。唯有如此，组织才能真正人才辈出。而只有人才辈出，企业才有业绩倍增。

第五章

用户战略：
锁定高端

钓鱼陷阱：99% 的中小企业找错了"渔场"

在每一期"赢利模式"课程现场，我们都会向在场的近千位企业家提出同一个问题：假如你成立了初创小公司，你会选择做大众市场还是高端市场？

现场几乎 99% 以上的企业家学员都会选择做大众市场。当我们追问他们为什么选择做大众市场时，他们给我们的答案不外乎以下三点：大众市场鱼多，钓到鱼的机会大；刚刚创业资源少，只能从低端市场切入；大众市场门槛低，客户要求的标准低。

新中国的商业历史还只有短短 40 余年，暂且无法从现实中找到这个问题的答案。但放眼世界，在美国 150 年、日本 100 年的商业历史上，几乎所有新公司和小公司都会选择做大众市场。然而，等待这些企业的是什么呢？九死一伤。90% 的企业都倒闭了，大众市场不是一个馅饼，而是一个陷阱。一伤，活下来的 10% 也是伤痕累累，拉长时间线来看，基本上也是难逃厄运。这个陷阱看上去很美，实质上是海市蜃楼。

为什么大部分人都做出错误的选择呢？因为他们根本没有真正看懂大众市场：鱼多、资源少、门槛低，这三个理由都是错的。

鱼多，这是一个陷阱

鱼多，在企业中最忌讳的就是这句话。

九死一伤的根本原因在哪里？在于大部分人都犯了一个致命的错误，总觉得客户越多越好、流量越多越好、机会越多越好。但是，实际上他们错了，企业的人力、物力、财力是有限的，每一个动作背后都是成本。所以，企业不能机枪打鸟，扫射只会浪费子弹。

成功的关键根本不在于多，而在于精准。一个好的钓鱼高手是狙击手，他知道哪里有鱼，所以他不会去大海捞针。弱水三千，他只取一瓢。他要锁定清晰的格子，把鱼集中起来。一旦鱼分散了，海阔凭鱼跃，他就钓不到鱼了。

企业的成功不在于鱼多，而在于只为一小部分客户服务。没有一个企业能够服务全世界。即便是可口可乐这样的大众化产品，也只能为一小部分人服务。因此，客户不是越多越好，而是越精准越好，将用户的模样画出来：年龄、性别、职业、收入、偏好，以及购买动机……这部分人定位越精准，钓起鱼来就越高效。

以行动教育为例。我们服务中小企业家，但十几年来，行动教育也只服务了来自 7 万多家企业的企业家，而中国的中小企业总数在 2 000 万家以上。更有趣的是，随着对经营的理解越深入，我们越发认识到：服务 7 万多家企业还是太多了，它造成了公司的资源分散。所以，在公司的数据化系统建成以后，我们一直在做减法。近三年来，我们对员工宣讲最多的是，请他们放弃客户。

过去很多销售人员希望客户越多越好，最好公司能给他 100 个客户，因为公司有数以万计的客户池。这种想法大错特错。因为我们发现：如果员工一年能服务好 10 名精准客户，那么他为公司创造的业绩至少有 1 000 万元；相反，如果他非要服务 100 名客户，那么最后的结果反而是一地鸡毛，因为他无法为这 100 名客户真正创造成果和价值。

资源少不是问题，心眼小才是问题

对企业家来说，资源少从来不是问题。任正非以 2 万元起家，他有什么资源？马云筹集 50 万元创业，他有什么资源？……所有的企业家都不是万事俱备才创业的。

企业家是什么？他相信他是一切的创造。如果经营企业是基于资源来做的，那么最后一定会被资源拴住，画地为牢。并且，资源越多越做不好，因为他把自己局限在资源里面，限制了自己的创造力。

无论大公司还是小公司，都会缺人、缺资金、缺技术。对企业家来说，缺资源不是问题，梦想不大才是问题，标准不高才是问题。为什么大公司更容易找钱、找人呢？因为大公司梦想大、格局大，让人觉得成功的可能性大。而小公司鼠目寸光，找钱难，找人更难。你的标准越低，你就越难找到钱，越难找到人才，越难找到各种资源。所有的资源和人都是往上走的。所以，真正的问题就在于你的心眼小，目标定得低，标准定得低。

门槛低，也是一个陷阱

很多人以为大众市场客户的标准低。不对！客户怎么会把标准降低呢？任何人不管买什么东西，即便是用一块钱买一块豆腐，他也不会把标准降低。他不会因为自己只付了一块钱，就认为这块豆腐品质可以不好啊。

客户不会降低标准，这是本质。

还是以过桥米线为例，大众市场的客户对过桥米线的要求是什么？肉多、便宜。肉多、便宜的背后代表了性价比。性价比的背后有两个要求——肉多是性，便宜是价。既要有性，也要有价，这个门槛不低，而且相当高。因为这两个要求本质上是矛盾的。

什么人能满足性价比呢？行业的龙头老大。为什么可口可乐、麦当劳这样的品牌进入中国市场，在房价、原材料成本、人工成本都上涨了数倍的情况下，二三十年几乎没有涨过价呢？因为性价比来源于标准化、流程化，来源于强大的运营能力和管理能力,来源于大公司天然的资源优势、产业链优势、品牌优势、客户优势、口碑优势、流程优势、营销优势……这些优势最终都会转化为成本优势。而小公司怎么会有成本优势呢?小公司的成本优势只可能来自偷工减料,最后把自己给"杀"了。

因此,中小企业唯一的选择是什么?锁定高端。高端客户是价值导向,不是性价比导向。性价比需要满足两个条件:一是性能好,二是价钱便宜。但是,高端客户只有一点要求:把东西做好。什么叫把东西做好?你要通过价值创新,提供一个独一无二的产品给用户,超出他的期望值。

那么,中小企业能不能做大众市场呢?能做。等到有一天,你也有了品牌优势,做大了规模,有了资金积累和竞争优势,人才储备也够了,你就可以猛虎下山,慢慢渗透,把大众市场打下来,从高维到低维,降维绝杀,这是完全有可能的。

格子圈养法:弱水三千,只取一"格"

如果去商场逛街,你就会发现一个规律:上下两头的品牌生意都特别好。以服装行业为例,世界顶级奢侈品服装品牌店里在排队,锁定大众市场的优衣库店里也在排队,而中间的品牌却活得远不如两头滋润。为什么呢?因为中间段被上下两头给打败了,它们的价值主张远不如上下两头清晰。也就是说,过去我们误认为整个市场高、中、低端的品牌分布是金字塔状,但是实际上,它是哑铃状。成功来自两头:要么锁定高端市场,走价值创新这条路；要么锁定大众市场，走成本领先的道路。

除此之外，我们还发现一个现象：新公司一定是锁定高端市场更容易成功，并且，越高端越容易成功。这又是怎么回事呢？其实不难理解，因为高端客户的需求非常清晰，这代表其要求企业所提供的服务也很清晰，不会让企业左右摇摆。譬如，假设你要做世界级内衣，这件内衣的定位是提供给高端客户，那么你的价格不会低。要支撑高价格，你必须把价值做到最高：材料好、工艺好、质量好、设计好、版型好……所有环节全部必须用一流的标准：一流的原材料、一流的设计师、一流的源头采购、一流的工艺、一流的制造商、一流的服务……一言以蔽之，在你将客户群精准定位以后，一切都变得非常简单了。

但是，锁定高端市场并不意味着所有高端客户都是你的。就像高端饮料，有矿泉水、茶水、苏打水、柠檬水……任何一个高端市场都被划分为很多格子。作为一家小公司，你必须集中资源锁定一个细分市场，弱水三千，只取一"格"。

提起饮料，这不禁让我想起了近年来饮料界的一匹黑马——元气森林，在创业短短5年时间里，这家公司已经成长为一个估值300亿元的网红品牌。在品牌定位上，元气森林在诞生之初锁定的就是"无糖饮料"这个品类。在这个品类中，元气森林最初只聚焦于两大细分市场：一是无糖茶饮领域，推出燃茶，主打"无糖解腻喝燃茶"；二是气泡水领域，推出苏打气泡水，主打"0糖0脂0卡"。凭借这两类产品，元气森林一炮而红。元气森林成功背后的逻辑是什么？从市场定位的角度看，其成功锁定了一个小格子。

反观很多中小企业，它们喜欢锁定中端。当然，由于中国市场足够大，因此锁定中端也不是不可以。那么，中端应该怎么做呢？企业还需要进一步细分。你要将中端人群按照二八定律进行切割，然后锁定中端中的高端。在进行精准的市场细分后，企业就可以根据自身情况选择真正适合自己进入的市场领域。也就是说，如果你要做过桥米线，那么定价可能是 99 元，也可能是 69 元、49 元、29 元甚至 19 元，都没问题。但是，值得强调的是，一定是定价 99 元的企业更容易成功。

如何才能找到适合自己的细分市场呢？我们总结了一个非常实效的方法——"格子圈养法"（见图 5-1）。

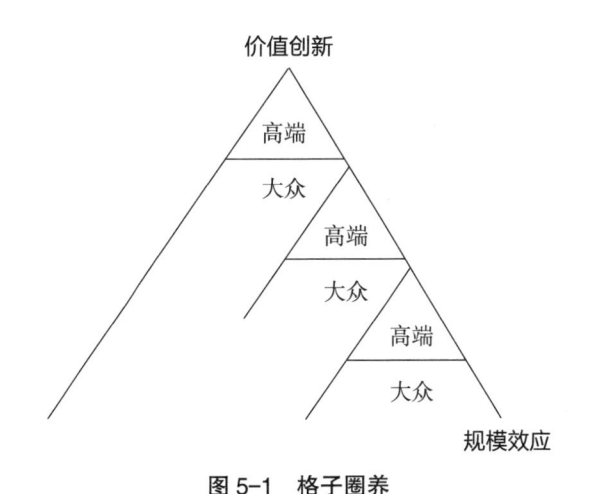

图 5-1　格子圈养

所谓"格子圈养法"，就是企业针对自己锁定的市场，无论高端、中端还是低端，进行精准细分。一言以蔽之，企业不要去大海钓鱼，也不能撒开网捕鱼，而是先将自己锁定的市场用一个一个"格子"圈起来，然后在这些格子里捕鱼。这样一来，就可以避免在漫无边际的大海里捕鱼，浪费大量精力却一无所获。

老子在《道德经》中说，少则得，多则惑。所以，经营企业首先要改变观念，假如你不是平台型企业，那么你就不需要那么多客户。经过了精准细分，这些市场领域已经成为一个个对企业来说最有价值的"格子"。如果在一个小格子里打拼市场，必然是越精准越有效。对中小民营企业来说，越是规模小、底盘弱，就越应该锁定精准客户进行差异化客户经营。这样一来，企业有限的资源才够用，核心价值优势才会更突出，才有利于我们对市场的占领。

事实上，沿着格子化的思路，我们还可以将客户格子化。也就是说，即便企业已经专注聚焦于某一细分市场领域，还需要继续进行市场细分。在这些细分格子里的客户，对企业来说都是有价值的精准客户。但是，他们的价值也有大小之分。根据二八定律，其中20%的客户为企业贡献了80%的业绩。所以，我们要进一步对这些有价值的客户进行格子化，锁定那些高价值客户，集中企业的优势资源，继续通过价值创新做差异化。

最终，我们会将市场细分为一个个小渔场。从此，企业不要在大海里钓鱼，而是要在渔场里"圈养"客户。企业仅仅聚焦这一小群客户，把有限的资源最大化使用，给他们提供一个不可替代的价值。举个例子：假设你的公司经营的是奶制品，那么你的细分市场可以按照以下的逻辑格子化：牛奶行业—奶粉—婴儿配方奶粉— 0~6 月龄婴儿配方奶粉……也就是说，企业永远可以到一个细分领域去做创新，找到一个山头做到细分领域的第一名。

渔场清晰了以后，这个渔场好不好？相当好，所有人都觉得这个渔场太美了。但是，这个渔场适不适合你？你有没有这样的资源和用户价值匹配起来？很多企业家没想清楚这个问题，以为渔场好就能赚到钱，却忘了评估自己能不能为这个渔场的用户创造价值。

永远不要忘了商业的逻辑，商业的逻辑是让别人成功，商业逻辑的本质是创造用户价值，而不是你自己赚多少钱。为什么很多企业会活不下去？因为它们太想让自己成功了。所谓鱼多、门槛低、资源少，所有起心动念都是为了自己：我怎么赚钱？我怎么才能活下去？但是，你本末倒置了。你只考虑自己，反而活不下去。要活下去，你必须考虑创造用户价值。既然你资源少、势单力薄，那么更加只能聚焦一小群人做用户价值。

用户价值！用户价值！用户价值！你为用户想得越多，你的价值就越高！

举例来说，行动教育是怎么定位格子的呢？行动教育的战略目标是成为世界级商学院。基于这个战略目标，我们将自己的渔场定位在中小民营企业家，这个群体挑战很大、问题很多，所以需要教练，需要真正落地的实效方法。如果量化一下，资产规模为0.5亿~20亿元的中小民营企业就是行动教育的大渔场。渔场确定以后，我们还要将它格子化，其中资产10亿元以上的连锁集团就是公司的大鲸。在捕鲸之前，企业首先要找到自己的渔场，并用格子锁定自己的大鲸，否则，你漫无目的地寻找，就是大海捞针。

现在请你告诉我，你的渔场在哪里？

用户分类管理："价×量"标签法

100多年前，意大利经济学家帕累托发现：在意大利，20%的人掌握了全国80%的财富。接下来往下研究，他发现二八定律也广泛存在于其他领域。任何事情都可以被分成两类：一类是"次要的多数"，占总数的80%，但只决定20%的成果；另一类是"关键的少数"，占总数的20%，却能产生80%的成果。二八定律揭示了一个本质规律：少数决定多数。在企业里面，你有100个员工，其中20个员工创造80%的业绩；你有100个客户，其中20个客户贡献80%的业绩……

为什么很多企业投入产出比低？就是因为它们做了80%不重要的事，只产出20%的结果。它们为什么会做80%的事，产出20%的成果呢？因为它们没有抓住商业的本质与规律，它们的思维方式是：一定要多！就是这个"多"字害死人。比如，很多销售员就喜欢客户越多越好，结果导致时间和精力非常分散，一堆小客户把他们的时间和精力浪费掉了，大客户却没有做深。他们把80%的时间和资源花在了不赚钱的产品、客户和员工身上。如果他们把时间都耗费在捡芝麻上，就没时间去找西瓜了。

商业的逻辑是反人性的，人性中有很多不好的病毒，譬如贪婪。我们以为越多越好，其实错了，任何资源都是有成本的，最后你会发现，投入是80%，产出是20%，结果是20%-80%=-60%。因此，做事情一定要抓重点，不能眉毛胡子一把抓。

顶尖高手做到高效的秘诀是什么呢？关键在于两个动作：区分和取舍。

第一步，区分和取舍。

哪些是20%的员工和客户？哪些是80%的员工和客户？区分的目的是将这些资源进行优化组合，把20%留下来，把80%舍弃掉。我们不是要做多，而是要做少。

第二步，再区分，再取舍。

舍弃掉80%，留下20%还不够，我们还要再区分20%的20%——4%。如果你有100个客户，那么这100个客户中有4个客户为你贡献了80%的80%——64%的业绩。同理，4%的员工带来了64%的业绩。

第三步，再再区分，再再取舍。

按照这个思路，我们继续区分4%中的20%——0.8%，这0.8%最终决定了64%中的80%——51.2%。四舍五入的话，最最关键的1%就决定了51%的结果。所以，在一家企业中，通常只有1%的员工和客户是组织中最最关键的重点，是企业的

"牛鼻子"员工和"牛鼻子"客户。

基于此,公司的客户战略需要升级,我们先要找到"牛鼻子"客户。按照上面的思路,企业首先要对所有用户进行分类管理,给每位用户都贴上标签,以免时间、精力和重要的资源被那些不产生成果的用户占用。按照收入公式——收入=价×量,不妨依据价和量两个维度将所有客户分成A、B、C、D四类(见表5-1)。

表5-1 用户分类管理

用户类别	价	量	标　签
A类用户	价高	量大	大鲸
B类用户	价中	量中	海豚
C类用户	价低	量大	鲨鱼
D类用户	价低	量小	小鱼

A类用户价高量大,这种用户就是典型的大鲸,一条鲸胜过千条小鱼;B类用户价中量中,我们将其比喻成"海豚"客户;C类用户量大却价低,这类客户一般都很苛刻,他们对价格咬得很紧,就如同海里凶猛的鲨鱼,这种客户是有风险的;D类用户价低量小,是渔场中的小鱼。

用户分类的目的是什么?便于企业对用户进行分类管理。如果不分门别类,企业的资源就会错配。经营企业必须分段治事、分级治人。所谓分段治事,是要分段来解决工作,不能眉毛胡子一把抓,而解决人的问题必须分级治理,不能一刀切。如果一家企业对于员工实行放羊管理,放手让员工自己随便去钓鱼,那么会发生什么情况呢?最后你会发现,员工只能钓小鱼。

我们观察过中小民营企业的员工,他们拿着"钓鱼竿","鱼钩"上挂着"面包屑""小蚯蚓",天天守在岸边,看似十分投入地在钓鱼,千辛万苦却只能钓到一些小鱼甚至小虾米。

员工想不想钓大鱼?想!但是,他们没有办法,因为大鱼在深水里,他拿着鱼竿和面包在岸边走来走去,根本不可能钓到大鱼。人性是急功近利的,一旦钓不到大鱼,就只能饥不择食,先钓点儿小鱼小虾果腹再说。所以,目前中国绝大多数的中小民营企业都是依靠员工们辛苦钓来的小鱼小虾活下去的。在很多老板眼里,员工每天能在岸边钓到一些小鱼小虾已经很不错了,至少他们每天还在为公司贡献业绩。

然而,如果企业里90%的员工整天想的是钓小鱼,就算他们天天加班,一天能够钓到1 000条小鱼,数量很庞大,也一点儿不值得高兴。因为从价值上考量,1 000条小鱼仅仅等于1条大鱼。但是,从成本的角度看,员工每钓一条小鱼,企业背后都投入了大量的人力、物力和财力去支持这个目标的达成。从找鱼到建立信任、满足需求、成交、服务、售后的整个闭环流程相当长。整个流程走下来,企业付出的成本就已经到了1 000条大鱼。

如果员工费大力气钓来的1 000条小鱼的价值仅仅等于1条大鱼的话,那么企业的经营结果就难看了:1-1000=-999。也就是说,从表面上看,企业有了1 000条小鱼的业绩,实质上已经严重亏损了。

当企业家不明白这个逻辑的时候，往往会产生一种错觉：自己的员工不仅创造了业绩，还那么辛苦，真是一群爱岗敬业的好员工。可是，等到财务报表一出来，企业家都惊呆了：所有员工都这么热爱工作，每天也都有业绩产生，生意源源不断，公司怎么还亏损了？

即使你费尽心力钓来了这1 000条小鱼，这些小鱼满不满意呢？这种小鱼生命力不够强，很快就死掉了，会不会带来负面口碑？更可怕的是，当你的员工盯着1 000条小鱼的时候，那些真正的大鲸客户正在被竞争对手抢走。长此以往，你的企业只会越做越小。一个整天只会和小鱼、小虾、小泥鳅打交道的企业，做得再好也不过是一条肥泥鳅。

因此，企业为什么要选择钓大鲸？因为一条鲸胜过千条小鱼。要改写企业1-1000=-999的经营结果，企业家必须反过来思考：如何才能真正实现以1的成本获得1 000的价值。如此一来，企业经营公式才会变成1000-1=999。

员工分类管理：员工格子化

在听取我们课堂上的大鲸战略之后，很多老板会产生这种想法："哦，我懂了！给客户贴标签分类，以后我们只做大鲸，其他都不要！"一旦企业真的这么做，就只有一个下场：业绩比过去更糟糕。

为什么？因为这是一个战略升级的问题，而不是一个员工升级的问题。如果你放手让员工自己去做，那么结果就是原来员工还会钓小鱼，现在连小鱼都不想钓了。因为他们被你灌输了一种理念：一条鲸胜过千条小鱼。所有人都去找大鲸，天天都在岸边跑来跑去，焦心地喊：大鲸！大鲸！结果适得其反：大鲸钓不了，小鱼不想钓。

所以，企业在将客户分类管理以后，紧接着要做一件事：员工分类管理。

员工不分类，会出现什么后果？如果你放养员工，他就会浑水摸鱼，什么鱼都要。最后你会发现，他钓的都是小鱼。因为小鱼容易钓，大鲸都在深水区，不是一个人能钓得了的。如果员工一直钓小鱼，那么会带来什么结局？他们的业绩越来越差、收入越来越少，能力也没有提升，最后自己活不下去；与此同时，企业的客户越来越少，最后企业也活不下去。

因此，企业不仅要给客户分类贴标签，还要对员工进行分类，提升员工钓鱼的效率。本质上，劳动可以分为有效劳动和无效劳动。不同的鱼有不同的要求，钓鱼的技能、方法和流程等都各不相同。一个新员工去钓大鲸就是无效劳动，因为以他的资源和能级，根本不可能钓到大鲸，他的劳动创造不了价值。同样地，让一个老员工去钓小鱼，更是生产力的巨大浪费。一个销售高手与一个销售新手，创造的劳动价值可能有上万倍的差异。我们不能忽略人与人之间的差异，因为这个差异体现在认知、思维、智商、情商、能力甚至体力上。

一家优秀的公司会给不同的员工设立边界：新员工做新员

141

工的事，老员工做老员工的事，核心骨干做核心骨干的事，领导层做领导层的事，全部分级管理，对号入座，重新建流程。因此，客户升级管理的背后，也关系到员工的流程管理。也就是说，对于所有的用户和员工，你不仅要进行分类管理，还要重新梳理钓鱼的流程，梳理钓鱼的工具，梳理钓鱼的步骤，梳理员工的渔场，梳理员工的动作，梳理员工的效率。不准乱！不能一会儿这个渔场转一圈，一会儿另一个渔场转一圈，一会儿想抓大的，一会儿想抓肥的。这种跳动就是浪费时间，就是浪费资源。

我在很多成功的企业家身上学到一样东西：一家好的管理公司是风平浪静的，每个人都知道自己该干的事。风平浪静的背后，是每个人都有自己的角色和分工，像螺丝钉一样安上去，只需要把你自己的事情做好。

因此，客户要贴标签，员工也要分类管理。分类管理意味着要对员工重新锁定格子。所有人只能在一个格子里面按照流程走，大鲸有大鲸的流程，海豚有海豚的流程……

首先，对于大鲸客户，要上升到公司战略的高度去争取和维护，不能依赖销售人员个人的努力。一旦遇到大鲸，没有哪个员工能单独服务好，就必须从公司层面来进行操作，一把手亲自出马，管理层加上核心员工组成大客户服务部，专门钓大鲸。

其次，针对海豚客户，我们可以分为两步走：第一步，先对所有的海豚进行再次细分，分成A、B、C三等；第二步，锁定 A 等海豚，并且全部交由工作一年以上的老员工去经营，同时他们必须放弃 B、C 两等，专注于 A 等海豚客户。

再次，对于鲨鱼客户，我们的原则是：假如企业已经有了大鲸客户，哪怕鲨鱼体量再大，最好也要放弃。因为鲨鱼客户往往是行业中的龙头企业，议价能力很强，虽然消费量大，但是容易向供应商转嫁风险。所以，一旦企业有了大鲸客户或者海豚客户，就要果断舍弃鲨鱼客户。

最后，对于所有的小鱼，企业同样需要分成两步走。第一步，我们也要对所有的小鱼进行再次细分，分为 A、B、C 三等。其中，A 等是小鱼中的大鱼，这种鱼成长性较好，我们称之为青鱼；B 等是小鱼中的中鱼；C 等则是小鱼中的小鱼。毋庸置疑，对于小鱼中的中鱼和小鱼，我们要选择直接放弃，因为它们价值太小、意义不大。但是，对于小鱼中比较大的青鱼，还是可以试着去钓一下的。谁来钓这些青鱼呢？我们可以让新员工去钓，因为这样可以锻炼新员工的钓鱼技巧。

老员工必须聚焦于大鲸客户和海豚客户，他们不能去抓鲨鱼客户，甚至要放弃手上的鲨鱼客户，就算抓住了也不能得到奖励。他们更不可以去抓青鱼，一旦他们去抓，哪怕抓住了也要受罚，因为这说明老员工在不务正业。同样地，对于新员工，我们必须严格要求他们去抓青鱼。如果他们只抓住了小鱼中的 B 等或 C 等，企业就必须给予处罚，因为他们在浪费资源。如果他们要去抓海豚或者大鲸，那么企业也要惩罚他们，因为他们好高骛远。

如此一来，整个员工分类的格子就非常清晰了：管理层和核心员工负责钓大鲸，老员工负责钓海豚，新员工负责钓青鱼。这样企业就可以保持一个旺盛的发展，老客户不断在沉淀，同时还有新客户不断涌入。

从我们多年的实践经验来看，在企业给客户贴好标签，给员工分好类以后，效率往往会有一次大的飞跃。究其原因，本质就是分工带来了最大化的有效劳动，完成了最大化的价值创造。我们有不少企业家学员在这一规律的应用上成绩斐然。

2020年下半年，我们在广州讲这堂课。有一位高管学员站起来发言，他说："老师，你讲的大鲸这堂课我早就知道了。早在2010年，我们公司就做到了70亿元的年营收，董事长一直想带着我们从70亿元做到100亿元，但是都没找到方法。到2017年，董事长听了'赢利模式'课程，他回来以后给我们转训，从战略开始重新定标，其中最重要的一件事情就是做用户的分类管理。从此以后，公司只做头部客户，只做大型央企和大客户。因为我们是做建筑工程的，可以直接通过预算卡住哪些客户坚决不能做，重新进行人力、物力、财力的分配。2018年，公司做到了90亿元的年营收；2019年，公司做到120亿元；2020年，公司要做到180亿元。"这家公司叫深圳博大建设集团。

2021年年初，又有一位来自深圳的企业家分享了他的故事。2009年，他在深圳听了课程，回到企业以后，果断决定聚焦核心大客户，放弃70%的小客户。这当然遭到了所有人的反对，他的股东们特别反感，抱怨说："人家都是把业务搞回来，你反倒还要把业务砍掉70%。"但是，这位企业家仍旧"一意孤行"，顶住了压力。

出乎所有人意料的是，虽然公司放弃了70%的小客户，员工从130多人骤降至81人，但是当年度公司的销售额翻了一番，利润涨了两倍。他兴奋地告诉我们："自从锁定了大鲸客户，多年来我们公司的业绩一直平稳增长，即便在2020年新冠肺炎疫情的影响下，公司的业绩也同比增长了50%，利润更是同比增长了70%。"所以，他迫不及待地与我们分享这个好消息，最后他感慨道："无论是产品还是客户，一定是君子有所为，有所不为。只有清楚地知道自己该干什么、不该干什么，才能真正做好资源配置。"

大鲸战略：从"六脉神剑"到"独孤九剑"

1996年，我还在经营风驰传媒，那一年公司业绩做了8 000多万元。说实话，这个成绩我们并不满意，因为公司业绩仿佛进入了瓶颈期，做不上去了。为了寻求破局之法，我四处学习。最后，我从一个中国台湾人那里学到了一套美国人开发出来的方法——大客户战略。听完以后，我深受触动，并预感到这堂课会改变我。

为什么？因为我们从1991年开始做广告公司，1995年做到西部第一。这时，公司已经有了1 000多个客户，但是业绩始终上不去。因为鱼太多了，其中大部分都是小鱼，这些小鱼几乎消耗掉了公司所有的人力、物力和财力，再想增加收入难度很大。然而，通过这堂课，我突然发现还可以做得更大。

回到公司以后，我很快调整了思路，决定集中力量开发大客户，并用形象的语言告诉所有员工：一条鲸胜过千条小鱼。并且，我按照美国人开发的方法，提炼出开发大鲸客户的"六脉神剑"。所谓"六脉神剑"，就是锁定并开发大鲸客户的6个步骤。

第一剑：一把手工程

我们身边有没有大鲸呢？有！红塔集团。要知道，当年红塔集团一年的广告经费高达6亿元，而这6亿元全部投入了户外广告市场。因为根据国家规定，烟草行业不允许做电视广告和广播广告，他们只能通过户外广告传播自己的品牌。而我们只拿到了20万元的份额，连万分之一都不到。从20万元到6亿元，中间好几亿元的差额全都进了对手的腰包。

早在1995年，风驰传媒就成了西部第一的广告公司。从地理位置看，风驰传媒离红塔集团非常近，占尽地利优势。按道理来说，拿下这条大鲸应该不成问题。那为什么拿不下呢？因为员工自己做不到。大鲸战略不是员工战略，而是公司战略，需要系统作业。痛定思痛，我决定从自己开始，公司自上而下全部要紧紧锁定红塔集团这条大鲸，升级产品和服务团队，并集中风驰传媒的精英力量，深入挖掘和开发客户。

事实上，如果当时没有当机立断，从公司战略层面引起高度重视，同时整合优质资源全力攻坚，红塔集团这条大鲸迟早会被对手瓜分。到头来，别说是6亿元，可能连这仅有的20万元也要被对手抢走。所以，对于大鲸客户，我们要锁定式开发，它不是员工自己拿红缨枪捅出来的，一定是从上到下扫楼梯。公司领导者要重视，中高层要介入，组织精兵强将，跨部门共同服务好大鲸。

因此，在公司锁定红塔集团为第一条大鲸后，我做的第一件事情是马上找人向褚时健引荐我。但是，没过多久，褚老就因为经济问题被调查。不久后，一位副市长接任红塔集团董事长。同样地，我马上找人向新董事长引荐我。

我马上就见到了这位新董事长。见面以后，我详细介绍公司的产品、服务以及专业，这位新董事长对我说："现在公司有个营销副总裁，你去找他吧。我会跟他说的。"接下来，一步一步往下走就简单多了。

所以，大鲸战略是一把手工程。因为大鲸是甲方，而你是乙方。他在上，你在下。所以，公司的最高领导者必须出面，从上到下扫楼梯。为什么？因为企业最大的资源在老板身上。老板不参与，你的资源调动不了，员工的重视度也不够。既然你把大鲸上升到战略的高度，那么在客户经营这件事情上，大鲸就是一把手的首要任务。

企业要想实施大鲸战略，老板一定是第一责任人。如果你自己不参与、不投入，不培养企业重视大鲸的土壤，制定好对应的机制和政策，那么大鲸战略只能是一个空的战略。要想落实大鲸战略，一把手必须出面，整个企业系统作战，从上到下扫楼梯。老板到位了，企业的资源才能调动到位。只有老板参与了，管理层和员工的重视度才会上来。所以，领导人必须花时间，而且要把大量的时间花在大鲸的领导者身上，花在大鲸战略的落地上。

第二剑：精兵强将

很多企业家听完大鲸战略，回去也要落地实施。不过，很多人都忽略了一个关键问题：你的战略变了，你的组织架构调整了吗？没有组织保障，大鲸战略根本不可能实施下去。

作为企业的一把手，最重要的事情是排兵布阵。1995年年底，风驰传媒也遭遇了同样的困境：在捕捉红塔集团这条大鲸时，所有的竞争对手都想从中分一杯羹，如果当时我们不押上精兵强将，就很难赢得这场战争。因此，在锁定红塔集团这条大鲸后，我们迅速在风驰传媒成立了"红塔事业部"。这个事业部集中了当时公司所有的精兵强将，从文案策划到包装设计，从推广渠道到服务追踪，风驰传媒拿出了自己最好的人才队伍配置，目的就是拿下红塔集团这条大鲸。

不过，具体如何组建大客户服务部，不同企业的组建方式各不相同。风驰传媒的模式是典型的项目制打法，采用的是锁定大鲸，然后把各个部门的精兵强将调到事业部，共同为同一条鲸服务的模式。这样做的好处是拆掉部门墙，一切围绕客户的需求来重新排兵布阵。

在我们的学员中，有一家做牛初乳的集团公司，董事长在听完"赢利模式"课程后，将全国的客户进行分类，迅速成立了大客户服务中心，聚焦服务大客户。通过大鲸战略，基本上每一个省的大客户数量每年都会递增50%~100%。与此同时，大客户的产值也有所提升，因为他把最好的人才、最好的资源、最好的团队都匹配给了大鲸客户。

如果不是项目制的企业，你也可以尝试另一套模式。这套模式类似于酒店行业，将所有客户进行分层，把大鲸客户放在顶层，然后，企业专门为大鲸客户建立更高的服务标准和更快的服务流程，培训员工按照标准和流程去做，并进行追踪检查。这是一套不一样的逻辑。

企业可以根据自己的实际情况选择一种模式。但是，无论采用哪一种模式，企业都要调集最好的人才来服务大鲸客户。为了保障大鲸的服务品质，永远不要忘记一个原则：A类团队服务A类客户。

第三剑：尖刀配大鲸

所谓"尖刀配大鲸"，就是给大鲸客户提供尖刀产品。鲸在哪里？在深海里。尖刀是什么？是企业聚焦1米宽、1万米深开发出来的绝活儿。没有金刚钻，就揽不到瓷器活儿。尖刀产品是钓大鲸客户的鱼饵。

很多企业之所以钓不到鲸，一个关键的问题在于：没有真正意义上的尖刀产品，没有真正打动大鲸的招牌菜和撒手锏。

一般来说，大鲸客户都是行业第一的客户，他们对产品价值有最高的要求。从这个角度，我们也可以回溯到公司的战略和产品：为什么要求战略的标准要高？为什么要求企业聚焦钻井，把产品价值做到行业第一？归根结底，是因为大鲸客户的高标准会倒逼企业不断升级：团队升级、产品升级，服务升级、流程升级……只有当你拿到产品的金牌，在用户价值上做到第一时，你才能真正打动大鲸客户。

第四剑：政策倾斜

乘坐过东方航空航班的人都知道，东方航空有一种白金卡——持有这种卡的乘客就是东方航空的大鲸客户。只要你是白金卡客户，哪怕你只是买了一张经济舱机票，东方航空也会无偿为你升级头等舱。不仅如此，在对白金卡客户的服务品质上，要做到甚至比真正购买头等舱机票的客户还要高。

事实上，不仅航空业存在这一现象，酒店业也同样如此。如果今天你是某家国际知名五星级酒店的金卡会员，那么从你入住酒店的那一刻开始，这家酒店就已经开始全面、系统地对你进行政策倾斜。即便你只是预定的普通客房，酒店也会在征得你同意的前提下免费将你的房间升级为VIP（贵宾）房乃至SVIP（高级贵宾）房。更让人惊喜的是，当你走进房间的时候，会有一种似曾相识的感觉，因为在房间里，无论是床上的枕头、被子、床单，还是书桌上的插花，抑或是卫生间的洗漱用品等，全都是你最喜欢的。一瞬间，你甚至会有一种回到家的错觉。

为什么东方航空要推出白金卡？为什么五星级酒店会设计会员制？因为他们要对大鲸客户做政策倾斜。政策倾斜的目的是什么？收买大鲸，讨好大鲸，感动大鲸。既然大鲸是最最关键的"牛鼻子"客户，那么企业在资源配置上就必须做政策倾斜。

第五剑：机制调整

在锁定红塔集团这条大鲸之前，风驰传媒一直采用的是"低底薪＋高绩效"的绩效模式。因为这种绩效模式能最大限度地激发人的企图心。但是，在组建了红塔事业部以后，我很快感觉到不对劲，这个部门需要调整机制。于是，公司专门将该事业部的绩效模式调整为"中底薪＋中绩效"，将底薪从700元调整到了3 000元。在20世纪90年代中叶的昆明，这个工资标准远远超过行业标准。

为什么要调整机制呢？首先，一个月700元的底薪，员工可能吃饭、睡觉都成问题，一定是要产生绩效才能活下去。所以，这个机制有其两面性：一方面可以激发人的企图心，另一方面可能会导致人急功近利，从而伤害客户的利益。其次，大客户开发本身有一个长周期，因为大客户的决策周期比较长，开发难度也更大，而低底薪无法覆盖员工的生活成本，这是一个很现实的问题。

因此，绩效模式的调整，一是为了安抚员工的心态，让他熬得住，踏踏实实地为大鲸客户服务；二是出于对用户价值的考量。从公司的维度来看,"中底薪+中绩效"实际上增加了公司的运营成本,并且将开发失败的风险转嫁给了公司。从这个角度也可以检验企业是不是真金白银地在对大鲸客户进行投资,因为归根结底,这个机制的背后是公司资源的一种倾斜。

今天在行动教育,我们还是推崇高绩效文化。因为"低底薪+高绩效"是低保障,对于激发人的奋斗精神非常有效。然而,这种高绩效模式不一定适用于所有公司、所有部门,尤其是不适用于大鲸客户部。大鲸客户部的绩效模式要和其他部门区隔开来:只要某位员工调入大鲸鱼客户部,就必须马上调整他的绩效模式。

除此之外,公司还将大客户销售部门的绩效模式从个人提成改为了团队提成。为什么?因为作战方式变了,机制也要跟着变。过去我们是单兵作战,现在是由总监带团队成立大鲸客户部,专门锁定大鲸。在这个部门内部,服务大鲸的团队是跨部门的,以用户为中心,调来了最优秀的策划、设计、文案……既然我们把大鲸定位到公司战略的层面,就需要系统作战,需要拆掉部门墙,需要公司上上下下的通力配合。

团队提成的作用是什么?就是要将所有人的利益都捆绑在一起,一荣俱荣,一损俱损。如此一来,自然而然就调动了团队的一致性。事实证明,在绩效模式调整为团队提成后,项目成员的合作度也提升了,大家都一心一意瞄准大鲸,步调一致,拼命往前冲。

第六剑：关系 + 专业

关系是什么？服务。专业是什么？产品。

要想搞定大鲸客户，二者缺一不可。如果你只靠关系，没有专业的好产品，企业肯定走不远。当然，即使有好的产品，如果你的关系跟不上、服务跟不上，企业也做不好。

专业来源于哪里？死磕用户价值。因此，专业最终还是回归到产品上，必须打造具有独一无二的用户价值的产品，才能真正赢得大鲸客户的青睐。这就是前文强调要聚焦尖刀产品的原因。因为没有真正的尖刀产品，你就无法真正打动大鲸客户。

关系来源于哪里？信任。"信"字由"人"字和"言"字组成。也就是说，你要说话算话，对方才会觉得可靠。因此，关系的核心是经营客户的信任。你要给每个客户开一个信任银行，并且不断往银行里存下信任。

如何让客户信任你呢？这个问题的答案不在术的层面，而在道的层面：你要利他，发自内心地想帮助客户成功。事实上，但凡你有一丝私心，客户马上就能感觉出来。

几年前，行动教育成立了一支投资基金。当时，有一位客户想投资3 000万元进来。她坐在我的办公桌前问："风险大不大？"

我回答她："风险非常大。"

客户当时一愣，说："啊？真的吗？"

我肯定地点点头："当然是真的，因为市场变化太快了。实事求是地说,风险非常大。"

她接着问:"那我还投吗?"

我认真地告诉她:"这个由你自己决定。但是,你一定要注意,这确实有非常大的风险。如果你的钱是借来的,那么你绝对不能投。如果这个钱你有重要的用处,那么你也不要投。还有,如果这个3 000万元你还有更好的赚钱方式,那么你也不要投。"

我为什么会这样回答她?逻辑很简单:把这位客户当作亲妹妹。我的回答就好像是站在兄长的角度告诉她:"这个钱你要慎重投资啊!"事实上,我们对待其他客户也遵循这个逻辑。如果是长者,我们就把他们当成我们的父母;如果客户比我小,就把他们当成弟弟、妹妹。想法不要那么复杂,要单纯一些。

在做关系的过程中,一定要用亲人的思维,并且是站在亲人的角度去思考问题。因为即使你把她当成妹妹,你也可能有自己的私心,没有站在她的角度思考。这里面包含什么?包含情感关系。如果她是你的妹妹,那么这不是见一次面的问题,而是一辈子的问题,甚至连父母、子女都没有你们相处的时间长。所以,这种情感是一种血缘关系,是一种长期关系。如果你真的把客户当亲人,最后连亲人都要去欺骗、坑害,那么你的价值观就完全扭曲了。

因此,关系的本质,首先是发心要好,用"亲人思维+亲人角度"来对待客户,把对亲人的情感注入进去,让客户感受到温度。除了发心要好，在服务上也要保证高品质，超出客户期望。要做到这一点，其实也没有什么捷径：一是把普通的细节做到优秀，二是把服务的品质始终保持在同一个水平。这就是高品质的客户服务。

第七剑：以用户心为心

从1996年开始，我们按照"六脉神剑"的逻辑重新调整经营逻辑，作为一把手，我以身作则。首先从红塔集团开始，亲自开发和服务大鲸客户。风驰传媒在昆明，红塔集团在玉溪，两家公司相隔90公里的路程。90公里听起来很近，但当时的路况非常差，一会儿修路，一会儿塌方。最夸张的时候，90公里的车程要开上5个小时。但是，我仍然要求自己每周至少去一趟红塔集团。为了见到关键决策人，早上5点之前就要出发，因为必须在8点前赶到红塔集团。否则，过了上班打卡的时间，领导者有的进了会议室，有的去了工厂，就很难见到面。

同样地，在公司内部，白天，所有精兵强将都非常勤奋，盯住大鲸；晚上，我还要亲自给大家培训开发大客户的方法，深度研究和学习优秀企业的案例，并将一些好的工具和方法拿到公司来用。

……

然而，虽然我们严格按照"六脉神剑"的逻辑执行，但最终还是没有见到成效。1996年，我们开始锁定红塔集团。1997年，做了80万元的业绩；1998年又完整地做了一年，也才做了 300 万元。彼时，红塔集团在广告上的投入已经提高到 10 亿元了。在这个过程中，许多核心人才纷纷要求调离红塔事业部，因为他们的"憧憬"幻灭了：不仅个人收入大幅减少，而且面子和自尊心都被深深刺痛了。

我的大脑中也一直有一个声音在拷问：我们到底输在哪里？

从表面上看，问题出在竞争对手。举个例子，当年我们刚刚被新董事长介绍给红塔集团负责这块业务的副总裁时，这位副总裁告诉我们："你们来得正是时候，现在有一个 3 亿元的新项目准备招标……"听到这句话，我连口水都要掉下来了。但是，盯着这个项目的可不止我们一家。红塔集团作为亚洲第一的烟草公司，广告供应商全是世界级顶尖公司：美国的奥美、日本的电通……不是红塔找人家，是人家主动找过来的。这些竞争对手全都是广告业的"祖师爷"，专业能力高出我们无数个段位。虽然董事长和副总裁都给机会了，但是只要一提案，我们瞬间就出局了。

最后这 3 亿元花落谁家呢？全球广告业第一大集团——日本电通。经历这次惨败以后，我们开始反省学习，最后从一本书中读到了电通创始人的"鬼十则"。据说，这是电通集团传承已久的社训，其中有一个观点让我铭记终生，他强调：电通人全都是鬼，在他们的世界上只有一尊神，那就是用户。一切都是为了用户，在成就用户的路上，神挡杀神、佛挡杀佛……用词犀利的背后，折射出的是这位创始人成就用户的决心。

我猛然间顿悟到了自己失败的根本原因：我们没有真正以

用户心为心，而是以自我为中心。我们钓大鲸的出发点，实际上也是为了成全自己。换句话说，我们之所以赢不了，还是因为人性中的病毒——自私、贪婪、急于求成在我身上发作了。我们没有真正从用户价值出发，没有以用户心为心。只有理解了商业的本质是成就用户，才能真正得道。

基于此，1997年公司将"六脉神剑"升级为"独孤九剑"（见图5-2）。其中，首要的就是价值观升级——以用户心为心。

图 5-2 大鲸战略的"独孤九剑"

什么是价值观？价值观是企业共同的行为准则。过去我们犯了一个错误，把所有美好的词汇都纳入价值观体系：诚信、敬业、奋斗、创新、团队合作……并为此写了一本叫《风驰之道》的书。但是，我们恰恰忘记了一个最根本的问题：成就用户。

经过多次的失败，我终于明白：价值就是价值观。这句话听起来颇有些费解，但它的意思很简单：你对用户的价值就是你的价值观。价值观是一面镜子，你的起心动念到底是利己还是利他，客户看得一清二楚。

1998年，公司对价值观做了一次升级，将所有价值观分成两级，其中第一级就是核心价值观，只有一句话——用户第一。我们要在商业上取得成功，必须做到用户第一，以用户心为心。先有用户的成功，才有我们的成功。我们要先义后利，要延迟满足，把成就用户融入自己的血液和基因，并且通过反复教育，将这种价值观传递给所有员工。

要做到这一点，并不是简单地在墙上挂4个大字，而是要进行全员讨论、全员教育、全员反思。项目组中的每一个成员都要对照"用户第一"，反思和检讨自己的工作。类似的会议在每个项目组和每个部门至少召开了5次。所有人都在不断自省：我有没有以用户心为心？还有哪些值得改进的空间？

第八剑：战略升级

价值观升级以后，接下来公司还要做战略升级。

战略是以终为始，过去我们设计的终点是要成为中国第一的广告公司。但是，商业是先义后利。风驰传媒要成为中国第一，还是要回到商业的本质，要为用户创造终身价值，要为用户创造成果。从这个意义上说，以终为始的"终"就变成了用户终身价值。上到董事长，下到员工，所有人都要为用户终身价值负责任。

事实上,所有世界顶级公司成功的秘密都在于其创造了用户终身价值,包括麦当劳、可口可乐、星巴克……它们都只服务一小部分人,但它们抓住了这一小群用户。用户不是消费一次,而是10次、100次、1 000次、10 000次……从一次到一世。

为了创造用户终身价值,我们又要回到战略,企业的标准必须高;回到价值创造,你要创造独一无二的用户价值;回到产品战略,企业要把产品的用户价值做深;回到人才战略,企业要发展组织,要复制人才……最终的一切,其实都是为了成就用户,这才是商业的本质。

第九剑:产品服务升级

价值观升级了,战略也升级了。然而,最后它们还是要靠产品来落地,因为用户看不到公司的价值观和战略,只能体验到公司的产品。因此,锁定了大鲸客户以后,企业的尖刀产品还需要升级为战略级产品。

那么,如何升级为战略级产品呢?我们当时做了三个具体动作。

一是研究用户的用户的用户。

你可能会好奇:为什么这里有三个用户?因为要找到用户的本质,你不能只看一个点,而要看一条线。风驰传媒的第一级用户是红塔集团,它想要品牌成功,风驰传媒要成就它的品牌;第二级用户是红塔集团的经销商和零售商,经销商和零售商需要赚钱；第三级用户是烟民，烟民要美好生活。所以，看问题一定要从用户的用户的用户出发，把整个链条上的用户价值打穿。只有这样，我们才能理解"用户需求"背后的需求，最后才会想到产品背后的逻辑。

二是研究用户的对手和标杆。

在经营企业的过程中，企业经常讲对标。标杆是一把尺子，它可以测量出我们之间的差距，从差距中帮助企业寻求发展动力；标杆还是一个创新的引擎，可以激发我们创新的思路。大鲸客户的标杆，就是这样一把尺子和一个引擎。

在与红塔集团营销部门对接时，我们发现它们对自己的标杆——拥有万宝路品牌的世界第一大烟草公司菲利普·莫里斯非常钦佩。事实上，褚时健之所以能把红塔集团做到亚洲第一，也是因为他在20世纪80年代就开始对标菲利普·莫里斯。

万宝路是如何成为世界级产品的呢？1954年，菲利普·莫里斯邀请美国顶级广告公司李奥·贝纳为其做品牌策划。正是源于与这家公司的合作，菲利普·莫里斯公司提出了一个大胆的战略——聚焦。与其做几十款产品，不如把一款产品做到世界第一。于是，菲利普·莫里斯公司舍弃了几十款产品，全力以赴地做万宝路。在所有的资源、人才、时间都聚集到一个品牌以后，万宝路快速成为世界第一。

当年褚时健接手玉溪卷烟厂时，该厂也有二三十款产品，他本来打算百花齐放，后来研究了标杆菲利普·莫里斯之后，他决定收缩战线，全身心地做红塔山，先把红塔山做到亚洲第一，再做其他品牌。最终红塔山成功了。

因此，我们开始对标万宝路，研究万宝路的品牌、广告形象、定位、渠道、政策、销售……

三是研究用户标杆的供应商。

仅仅研究用户的标杆还不够，我们还要继续深入地研究用户标杆的供应商。

既然红塔集团的标杆是万宝路，那么风驰传媒能否对标万宝路的标杆供应商李奥·贝纳呢？想到这一点，我火速飞往美国，找到这个团队，展开具体的对标工作，并将它的战略定位、营销策略、产品特色、客户服务等研究了个遍。由于实力悬殊，短期之内想超越标杆不太现实。于是，我们通过第三方找到了李奥·贝纳公司，并告诉他们："我们有客户优势，但没有你们的专业。希望由你们来服务客户、成就客户，我们不图赚钱。"

除了谈合作，我们还做了一个动作：通过猎头公司找到了一位服务过万宝路的客户总监。他的名字叫司徒伟达，是一位新加坡华人。1997年年底，司徒伟达接受邀请来到昆明，出任风驰传媒的常务副总裁。司徒伟达来了以后，我们发现他的思维和格局完全不一样。他的业务能力非常出色，经他出品的方案水准不同凡响。与此同时，他在业内深耕多年，自带许多优质资源，不仅在渠道上为公司开拓新的可能，还给公司带来了很多出色的专业人才，他很快为风驰传媒引入了两个合作过的朋友：一个做文案，一个做设计。

凭借司徒伟达带来的资源，我们组建了一支"梦幻团队"，梦幻团队成为公司专门对接红塔集团等大鲸客户的"特种兵"。世界级团队带来了世界级的思维、世界级的创意、世界级的设计……虽然我们面对的对手还是世界级的对手奥美、电通等,但是我们不再被动挨打。人才升级带来了产品升级、服务升级、流程升级、客户升级……

最终,红塔集团回报给风驰传媒的生意也越来越多:从3 000万元、8 000万元、1亿元到2亿元,最后红塔集团一条鲸胜过千条小鱼,一年为风驰传媒贡献了2.8亿元的业绩。更重要的是,红塔集团开发成功以后,我们按照同样的逻辑成立了其他12个大鲸事业部,先后服务了中国移动、中国电信、云南白药、万科地产等多条大鲸,成功跻身鲸圈。正是这些大鲸客户支撑了风驰传媒成为中国最赚钱的广告公司。

在行动教育的学员企业中,也有不少践行大鲸战略非常成功的公司。2021年年初,我们在成都讲课,一名复训的学员告诉我们,他们公司的主营业务是办公家具,过去的主要销售模式是参加招投标,这个过程中受到了许多不公平的对待。学习了大鲸战略以后,他们开始对产品进行差异化设计,精准锁定大鲸客户。现在,他们的客户已经变成了碧桂园、万科、龙湖地产、中海地产等,整个客户结构完全改变了。未来,他们坚信自己会在办公家具这一专业领域做到10万米深,持续为大鲸客户提供用户终身价值。

下 篇

未来之路：管理篇

第六章

预算管理：全员目标管理

预算是卫星导航系统：先算后做，先胜后战

迄今为止，我们已经讲完了经营的前五步：第一步来自战略，战略是方向；第二步来自价值创新，这是实现战略的路径；第三步到第五步，分别拆解了战略三支柱——产品、人才和用户，它们解决的是战略落地最重要的三个问题——卖什么、谁来卖和卖给谁。从严格意义上讲，前面五步全部属于经营的范畴。接下来，我们还要继续往下打地基，从经营砸向管理。

如何理解经营和管理的区别？按照德鲁克的说法，经营是选择对的事情做，而管理是把事情做对。根据我们的观察，大部分企业的失败都源于管理的失败，尤其是中小企业，即便它们做出了好产品，经常也会输在管理的基本功上。事实上，企业的效益和竞争力是管理出来的。中小企业管理的基本功为什么不扎实？因为从决策者开始，从上到下的管理者没有关注管理能力的培养和提升。如果一家企业没有管理能力，那么它注定走不远。因此，下篇我们对 5 个关键管理模块进行讨论。

按照我们自己的实践经验，在所有管理模块中，首要的应该是预算管理，因为预算管理可以将前面的战略、价值创新、产品、人才和用户全部打通，提前将整个战略地图量化，最终实现先算后做，先胜后战。这一招非常厉害，因为它把一切都前置了。

遗憾的是，今天很多中小民营企业的老板根本没有做预算的习惯，他们通常都是凭感觉做决策。很多企业老板辛苦了一年，到年终结算的时候才发现根本没有赚到钱。这样的企业比比皆是。毫不客气地说，他们经营企业就像瞎子开车，握着方向盘，凭着感觉踩油门，看不见也听不见，稍有不慎就会车毁人亡。

预算管理是什么？它相当于企业的卫星导航系统。比如，现在你要从上海开车去北京，在你把目的地"北京"输入导航系统以后，两点之间最优的路线图就出来了。这样一来，导航系统就可以实时为你判断风险。如果你在途中不慎走错了路，导航系统就会提醒你已经偏离路线，及时为你纠偏，甚至重新为你规划路线，以免差之毫厘，谬以千里。

但是，今天很多企业的领导者不知道怎么开车才能到达目的地。他们手里虽然握着方向盘，但是既没有导航系统，也没有路线规划图。试想一下，今天你要从上海开车到北京，如果你不熟悉这条路线，也没有导航系统，那么这段路怎么开呢？形象地讲，经营企业就是走一条完全陌生的道路，过去你的企业走的是 0~1 亿元这条路,接下来你的企业要走 1 亿~100 亿元的路,这就是你们没有走过的路线。如果没有提前做规划,那么你的车刚刚开出门口,你就不知道该往左转还是往右转。正因为你不知道方向,所以你经常走错路,这又会导致你的情绪波动,你时不时还把自己撞得鼻青脸肿。如果这种状态持续下去,那么最后的结局一定是车毁人亡。事实上,这就是很多中小民营企业的现状,最后它们浪费了很多资源,做出了很多错误决策。

因此,预算管理的第一大功能就是控制风险。从你把车开出门口开始,你就要面临一系列的决策:到每一个路口是直行、左转还是右转呢?预算就是提前帮助你算清楚风险,清晰地告诉你:第一个路口必须向左转。如果转错了,你就要掉头回来。

预算管理的第二大功能是什么?资源配置。中小企业的时间有限、资源有限,但资源越少,你就越要把资源用在刀刃上,才有可能创造出局部优势。预算是资源的配置:人、财、物、产、供、销,所有的资源全部视预算为调令。你不可能什么都做,必须把资源配置在"牛鼻子"产品、"牛鼻子"团队、"牛鼻子"客户身上,把资源用在最有价值的地方。

预算管理的第三大功能是什么?全员目标管理。这是最关键的功能,也是最后的落地成果。预算不仅让企业有了卫星导航系统,而且让每个员工有了一张施工图。在这张施工图上,每个员工应该做什么、怎么做都清清楚楚,这就是全员目标管理。

综上所述，预算管理有三大功能：一是控制风险，二是资源配置，三是全员目标管理。一旦明白了预算管理的三大功能，你就会明白预算管理对于企业有重要的价值。

回顾自己的经历，从成为个体户到创办企业，再到实现集团化运营，我都没有认识到预算管理的价值。直到在香港上市公司担任总裁时，我才发现世界500强企业做得好的原因，因为它们把预算管理作为管理的抓手。无论要去哪里，它们在出发之前就已经有了导航图。因此，它们的预算工作做得非常深入。上到董事，下到基层员工，所有人都非常重视预算。整个预算计划有200多页，分得非常细致，对于每个部门、每个项目、每个任务、每项成本……每个数字背后的逻辑，董事会都要求总裁了如指掌。

曾记得第一次开预算会议时，我被董事问到全身湿透，最后只能东拉西扯，预算被董事会打回来了，我必须重新做。后来经过长时间的反复训练，我才真正理解了预算管理的重要性，掌握了预算管理背后的思维逻辑。

实际上，预算管理最核心的逻辑就是先算后做。在"收入-成本=利润"这个公式中，一定是成本在前，收入在后。所以，你永远是先花钱，如承担房租、水电费、装修费……既然是投入在前，那么你的决策思维也要前置。在花每一分钱之前，你都要先想到收入和利润。你要先算后做，而不是为了花钱而花钱。

最终你要算什么？成果。这个成果具体是什么？我们可以分两个层面来看，对外是用户价值最大化，对内是利润最大化。也就是说，你所花的每一分钱都要保证用户价值，同时保证公司价值。用户价值决定了企业的收入，收入进来以后，你还必须精打细算。如果你乱花钱，没有把钱用在刀刃上，最后就沦为了败家子。这里需要强调一下，利润最大化并不是无边界的，不是说赚得越多越好。一般来说，保持在税后15%左右的净利润即可。

这就是先算后做的逻辑。如果用孙子的语言来说，那么它应该叫先胜后战，这个描述更为精准。事实上，《孙子兵法》通篇都在算账：算粮草、算兵马、算地势、算地形、算趋势……先胜后战这句话讲得非常到位。只有我先算赢你，我才可能打你。如果算不赢，这个仗就不能打。因此，《孙子兵法·形篇》中说："故善战者，立于不败之地，而不失敌之败也。是故胜兵先胜而后求战，败兵先战而后求胜。"

然而，初创企业之间流传着另一句名言："一翻两瞪眼，死后再验尸。"等到企业死后再为其验尸，就说明这家企业的成功带有巨大的偶然性。实际上，真正的成功是必然成功，是先胜后战。如何做到先胜后战呢？我们要先算明年的投入和产出：算资源、算价值、算风险、算时间、算粮草、算排兵布阵、算收入、算成本、算利润……如果企业家和管理者能够养成这种先算后做、先胜后战的思维习惯，对待每一年、每个项目、每件事情都能先算后做，没有预算绝不开始，那么管理的段位就上来了。

因此，真正优秀的企业是没有惊喜感的。因为它们先算后做，先胜后战，怎么会有惊喜感呢？一切都在意料之中。真正优秀的企业一定是风平浪静的，没有惊涛骇浪。惊涛骇浪其实会对组织产生巨大伤害，因为这意味着你根本没有先算后做。

管理学大师德鲁克在《卓有成效的管理者》一书中，写过一段对我影响至深的话："多年以前我初次做管理顾问时，常常弄不清楚一个企业机构管理的好坏区分——但并不是说我没有生产方面的知识。后来我才发现，一个平静无波的工厂必是管理上了轨道。如果一个工厂常是高潮迭现，在参观者看来大家忙得不可开交，就必是管理不善。管理好的工厂，总是单调无味，没有任何刺激动人的事件，那是因为凡是可能发生的危机都早已预见，且已将解决办法变成例行工作了。"

管理的本质：反熵增

现在让我们再从另外一个角度来看看预算管理的价值。前文中强调，企业最后的成败取决于管理。但是，我没有解释为什么成败会取决于管理。事实上，这要从自然界的熵增定律讲起。

1854年，一位叫克劳修斯的德国人首次提出了熵增定律的概念。他认为在一个封闭的系统内，热量总是从高温物体流向低温物体，从有序走向无序，如果没有外界向这个系统输入能量的话，那么熵增的过程是不可逆的，最终会达到熵的最大状态，系统陷入混沌无序。这也被称为物理学的热力学第二定律。

熵增定律无处不在。比如，你把一个苹果放在这里，苹果慢慢会变成坏苹果；你把一杯开水放在这里，它会慢慢变成凉水。组织和人也受制于熵增定律，如果你不去干预，那么组织也会从有序走向无序。因为组织有内耗，内耗的表现形式多种多样：山头主义、各部门之间的利益争夺、各种人的私心杂念……如果我们不对这个组织进行管理，这个组织就会变得越来越散、效率越来越低。

因此，如果你放任组织按照熵增定律去发展，最后的业绩下滑就是正常的，就是符合自然规律的。相反，如果你想要业绩增长，就必须反熵增。增长的本质是要逆流而上，就像一杯放凉的开水，如果你想让它再变成100℃，你就必须给这杯水加热，为它输入外在的能量。

为什么今天很多中小民营企业会逐渐走向衰落呢？因为它们忽略了组织的熵增定律，更忽略了人性的熵增定律。人性中有创造、奋斗、追求成就感的一面，也有自我本位、安逸怠惰的另一面。而且在大多数情况下，后者会战胜前者，这就导致组织的战斗力越来越弱。所以，当很多老板在管理上放羊时，企业必然走向衰败，因为这是由熵增定律决定的。

如果你不加以管理和调节，那么按照熵增定律，企业的收入一定会越来越少，成本一定会越来越高。如何才能反其道而行之，让收入增加、成本降低呢？从我们多年的经营实践来看，预算管理是反熵增的一个有力抓手。

经营过企业的人都知道,经营企业九死一生,风险巨大。因为组织不仅仅要对抗熵增定律,还要防止企业家决策失误,诸如前文所讨论的5个模块,都有可能让企业落入陷阱。譬如,企业的战略不清晰,最后造成资源浪费;价值创新没有做到差异化,会逼迫企业只能靠降价断臂求生;企业的产品可能太多,导致用户价值不够深,最后客户不买单,企业因高库存而倒闭;企业的组织和人才支撑不起战略,导致企业的战略无法落地;企业没有把资源放在大鲸客户上,导致成本很高,产出却很少……这一切都会导致企业的钱没有用在刀刃上,浪费在没有价值的地方。组织和人本身存在熵增定律,再加上错误决策,最后会导致企业的成本过高、风险过大。与此同时,企业还要应对外在环境的变化:竞争对手在变,用户在变,市场在变,技术在变,宏观经济环境也在变……这些外在的不确定性叠加起来,就会让这家企业难上加难。

因此,预算管理就是为了尽可能地控制风险,尽可能地将所有的资源全部用在刀刃上。企业至少可以通过预算管理,最大限度地化"不确定"为"相对确定",将自己可以掌控的事情确定下来。比如,企业的战略要飞多高?独一无二的创新价值点是什么?如何选择并做深尖刀产品?组织如何发展,人才如何复制?企业应该选择什么样的用户?这些都是我们能掌控的。对于能够掌控的事情,我们不能任由其发展,任由其内耗,因为这一切的背后都是成本。

我们要清楚可以确定的东西——先确定终点在哪里,然后站在未来的角度来设计——什么事情该做？什么事情不该做？一旦确定下来，我们就可以把钱用在刀刃上。所以，如果我们知道客户的边界在哪里、团队的边界在哪里、产品的边界在哪里，就会将不该做的事情尽量排除掉，尽量控制风险，尽可能地反熵增，这就是预算管理的本质。

预算是一把手工程：保证全员一杆枪

20多年前，我在经营风驰传媒时，就有了做预算管理的意识。直到多年以后，我才知道自己一直做的是"假预算"。为什么？因为从源头上看，做预算的人就不对。

我把预算工作交给谁来做呢？财务总监。直到今天，我还经常看到自己20多年前的错误依然存在于很多中小企业，它们也把预算工作交给财务总监。毋庸置疑，最后财务总监做出的预算必然是安静地躺在抽屉里的，因为业务部门根本没办法真正按照财务总监做出的预算来做经营管理。

为什么？因为财务总监的思维是过去式思维，他不可能深入研究各部门的实际业务。他唯一的方法就是在上一年的报表基础上加加减减。然而，真正的预算不是看报表，不是运用过去式思维，而是运用战略思维和未来思维。真正的预算必须以终为始，将过去的一切推倒重来，重新思考第二年所有的资源配置。所以，你把这件事情交给财务总监就是错的，最后的结果一定是业务和预算是两层皮：算归算，做归做，风马牛不相及。

这件事最后由谁来"背锅"呢?还是财务总监。实际上,这个"锅"应该由公司一把手自己来"背",因为只有一把手才有全局思维,财务总监不可能有全局思维,不可能拥有决策权和人事权。什么是决策权?比如,哪些事该做?哪些事不该做?该花多少钱来做?什么是人事权?比如,这件事情安排谁去做?达标了奖励谁?未达标处罚谁?

因此,预算工作实际上难度非常大。要想做好预算,一把手必须对公司的战略目标和路径无比清晰:公司这艘船未来要开往哪个目的地?具体路线图是什么样的?基于这个路线图,一把手要对公司的家底——人、财、物、产、供、销等了如指掌。否则,他根本就不知道如何指挥战争。所以,一把手什么都要懂:营销、研发、财务、人力资源、客户、市场、管理……因为所有的决策最终都会汇聚到他那里。

具体来说,一把手应该怎么做预算呢?按照利润公式"收入-成本=利润",一把手最终要确定收入是多少、成本是多少、利润是多少。一般来说,最终的预算目标是要达成收入和利润的双增长。如何才能达成双增长呢?一把手必须有全局思维和整体思维,做好以下几个模块的预算。

- 战略。预算首先需要回到战略:明年公司的战略变了吗?很多企业家听完课程以后,会将战略设计推倒重来。因为他的认知边界打开了,发现自己过去的战略不清晰或者目标太小。因此,战略的调整必须由一把手牵头。

- 创新。战略设计好以后，接下来价值创新的核心价值点到底在哪里？百果园的核心价值是好吃，那么它就要把钱花在好吃上；口味王槟榔的核心价值是高品质，那么它就必须把钱花在高品质上；行动教育的核心价值是实效，那么我们就必须把钱花在实效上。
- 产品。用户对创新价值的感知是通过产品传递的。公司到底要做哪些产品？不做哪些产品？这里的产品不是指单个产品，而是指产品链条的设计，包括入口产品、主营产品和创新产品。以行动教育为例，我们的课程"浓缩EMBA"只是让用户体验的入口产品，真正的主营产品在后端——"校长EMBA"，所有的资源，包括哈佛商学院标准的阶梯教室和图书馆、顶尖大师……一切最好的资源全部用在那里。接下来，每一种课程还有2.0和3.0的创新产品。这就是产品的逻辑，道生一，一生二，二生三。但是，请注意产品推出的时间节点，行动教育也是耗费了10年时间打磨好第一个产品，然后才推出了第二个产品。
- 用户。公司的新用户在哪里？老用户在哪里？大客户在哪里？公司如何开发他们？
- 人才。先要盘点出营销部门的高、中、基层团队，紧接着，我们要将战略三支柱——产品、人才和用户一一对号入座。比如，基层新员工负责开发新用户，卖入口产品；基层老员工负责服务老用户，卖主营产品；特种兵和中层管理者负责开发大客户，卖创新产品。这些都不是算数字的问题,而是经营策略的问题,必须由一把手亲自决策。
- 成本。公司要把钱用在刀刃上,算成本就是选择刀刃。比如,华为把刀刃用在研发上,一年投入上千亿元的成本,研发就是华为的刀刃。同样地,有的公司是靠渠道成功的,所以,这些公司要把钱和重兵都砸在渠道上;有的公司是靠品牌成功的,它们就要把钱和重兵压在品牌上。也就是说,如果公司的钱不够,那么更应该明确先做什么,后做什么。这是从上到下的资源配置,计划性相当强,绝对不是财务总监可以决策的。
- 收入。算收入就是算公司实现的增长。受到熵增定律的影响,组织一定会从有序走向无序,业绩本应该下滑。但是,公司必须反熵增,必须与熵增定律赛跑,一刻也不能松懈。只有跑得比它快,公司才能实现增长。增长指标也是一种重大决策,必须交由一把手来定。并且增长指标的设定要科学,不能盲目自信。我们经常看到有些老板要求公司业绩年年翻番。如果公司小,翻番还合理;但是,如果公司做大了,那么受到熵增定律的影响,能够保持20%~30%的增长已经是一件了不起的事情。

你发现没有,以上所有环节都是一环扣一环的。作为当家人,一把手应该对公司如同对自己家一样熟悉,要对一切如数家珍。因为本质上,预算管理是资源配置,预算管理是调兵遣将,预算管理是在为最后的胜利做谋划。作为一把手,你不可以让公司东一榔头西一棒子,更不能让每个部门各自为政。因为时间和资源是有限的,所以你必须做到全员一杆枪、全国一盘棋,将所有的力量汇聚在一起,这种力量才是最强大的力量。

预算分工:排兵布阵

在一把手有了全盘规划以后,他对第二年的收入增长、成本和利润基本做到心中有数了。假设他预估第二年的利润公式是 16-13=3 亿元。其中,收入 16 亿元意味着它第二年的收入预计增长 50%,利润 3 亿元代表第二年的利润预计翻番。有了这些初始数据以后,接下来一把手需要做什么?排兵布阵,把所有的工作分到每个人头上。

战略的落地不是靠一把手算出来的,而是靠全员上下一起打出来的。所以,预算管理除了要解决资源配置的问题,还要解决分工的问题。讲到这里,你就明白了为什么要在前文中强调人才和组织的重要性。如果你是个体户,那就根本谈不上什么排兵布阵,因为你根本没有人,充其量只是夫妻俩自己往上冲。所以,当你的组织不健全时,增长无法实现可持续,因为你内在的逻辑就是不对的。

具体如何来进行预算分工呢?首先,企业要召开第一次动员大会。召开动员大会的目的是统一思想,统一思想的过程就是凝聚共识的过程。如果员工没有共识,后面的事情就很难真正推进。

第一次动员大会邀请哪些人参加呢?"五大天王"和"十

大金刚"。在这次动员大会上，一把手首先要讲清楚企业未来的战略要飞多高，价值创新点在哪里，产品、团队、人才分别怎么布局，并提出第二年的规划是获得3亿元利润，收入增长50%，再询问参会者的看法。因为这个战略要真正落地，首先必须分解到每个"天王"身上：营销怎么做，研发怎么做，生产怎么做，人力资源怎么配合……每个部门都要从自己的专业领域评估实现这一利润的可行性。如果讨论过程中有冲突，那么部门之间还必须进行二次甚至三次讨论，直到所有人都能统一思想。

接下来，企业的分工工作要从营销副总裁开始，因为营销线离一线客户最近。所以，营销副总裁首先必须清楚一点：如果第二年要达成16亿元的收入，自己就要从上到下，再从下到上，与各个销售渠道逐层沟通讨论，直到将这个收入指标完全分解下去。

分工一定要非常细：老员工做什么业务？新员工做什么业务？特种兵做什么业务？中层管理者做什么业务？每个岗位的动作都必须十分清晰，不能放羊。因为每一个动作背后都是企业的成本，如果动作无效，企业就会失败，最终得不到用户价值，员工也会流失。

举个例子：行动教育的渠道就是分校，在每一个分校里，过去每个员工的最低业绩指标是100万元。到2021年，我们需要从头开始设定增长指标，每个部门经理的最低业绩指标不能低于1 500万元，每个子公司的业绩不得低于3 000万元。以上是底线，接下来每个子公司都有各自的增长比例，这个比例是由老数据加上新的增长指标所形成的2021年的最低指标。

从上到下全部指标分解到位以后，就会出现两个数据：一个是一把手要求的16亿元，这是营销团队必须完成的保底指标；另一个是从下到上各子公司统计出来的目标，假设这个数字是20亿元，那么这20亿元被称为营销部门的挑战指标。

现在问题来了：企业的资源配置应该用哪个指标呢？保底指标16亿元。接下来，从用户出发，先市场后工厂，预算目标从营销部门开始生成。在营销的预算目标定下来以后，紧接着，研发部门要预算准备什么产品，什么时间上市；生产部要预算产能、生产周期以及所需人工；采购部要预算原材料的采购量及采购时间；财务部要预算融资金额、投资金额，钱往哪里花，什么时间花；人力资源要预算人才缺口，即哪些部门需要招聘，如何设计人才培育计划，哪些岗位需要大练兵以及将于什么时间节点完成……请注意，这一切都要全部前置，头一年的第四季度就要把第二年的预算全部做出来。

事实上，每家企业都有其固定的经营节奏。比如，在行动教育，春季大招聘，夏季大练兵，秋季大冲锋，冬季大冲刺。在春季，企业要通过人才盘点查漏补缺：哪些需要校招？哪些需要社招？哪些岗位可以从内部推荐？春季进行集中招聘、集中筛选。到了夏季，企业的关键岗位就要大练兵。因为员工招进来以后就要上战场了，所以要开始学习、通关考试、训战。请注意这个大练兵不是在企业内部练兵，而是学完以后上战场打10天，回来学3天，再打10天，再回来学3天……每次学完以后，都要回到自己的岗位上去实战。到了秋天，练兵完成以后，企业就可以向市场发起冲锋了。再到冬天，企业需要加快节奏，向最后的胜利发起大冲刺。

在这个过程中，每个季度、每个月都有盘点。员工达标就会得到奖励，不达标就会被淘汰，而做得最好的标杆可以升职加薪。最后，一拨又一拨的人才就这样循环往复地成长起来。今年冲刺结束，明年春天又开始新一轮的大招聘。如此循环往复，最终业绩才是可持续的。

相反，为什么很多企业效率低下、业绩不稳定呢？因为上到老板，下到员工，每个人都只做自己喜欢的、感觉舒服的事情。但是，在行动教育，你必须提前把预算和工作计划做出来，接下来你别无选择，只能按照预算计划严格执行，该跳就得跳，该飞就得飞。

这样做的目的是什么？从上到下全员一杆枪，从上到下一盘棋。总裁、副总裁、分公司总经理、部门总监、部门经理以及普通员工，全部都是先算后做。如此一来，总裁头上的利润公式中的每一个数字都会被分解到各个部门，各个部门又将数字逐级分解到每个员工身上。做到这一步，企业才算真正让战略目标落地，实现了战略数字化。

只有当每个岗位、每个人身上都有自己的量化指标时，企业才真正实现了千斤重担万人挑，人人头上有指标。如果没有指标，就意味着这个岗位可以撤掉了。换句话说，在预算出来以后，企业就可以从人力资源部打印出一张地图来。对于哪些部门缺人，哪些岗位缺人，应该什么时间到位，企业都非常清楚。最终所有人都会被装进同一张网——天罗地网。这张网会按照时间节点，从年、月、日、时，将每人每天必须完成的量化目标分解出来。

以上面案例中的营销副总裁为例，他的目标是如何分解出来的？首先，他要将 16 亿元的业绩指标分解到月，按照春、夏、秋、冬的经营节奏，确定每个月应该承担多少业绩指标。假设这家企业的业绩是按月平均分解，那么这位营销副总裁每月必须完成 1.33 亿元的业绩指标。紧接着，每个月的指标再分解到每周，其中每周要完成的业绩为 3 325 万元；接下来，每周业绩分解到每天，从周一到周五，每天必须完成的业绩是 665 万元。这样一来，这位营销副总裁的每一个工作日都是数据化的。目标拆解得越细，执行起来就越不容易跑偏。

在预算目标自上而下地分解完毕后，战略目标就成为每个员工的具体目标（见图 6-1）。接下来，只要每个人把实现个人目标的每一项措施具体化，找到达标的具体路径，最终公司总体预算目标就完成了。如此一来，组织中所有成员都被拧成了一股绳，所有人都围绕一个目标力出一孔，上下对齐、左右协同、前后贯通，这样的组织才是最高效的。

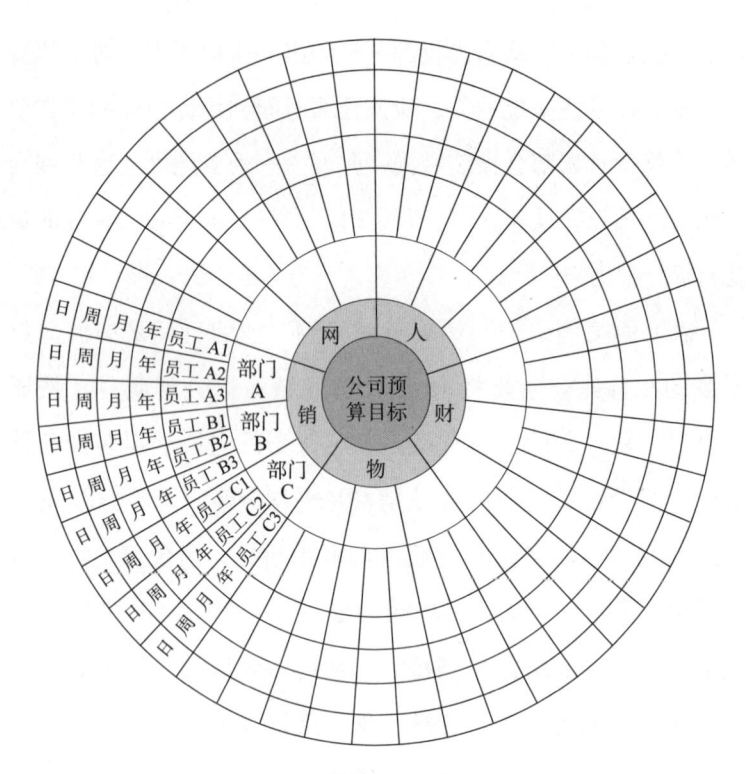

图 6-1 预算目标的天罗地网

天罗地网：全员目标管理，每人一张施工图

预算管理是先胜后战。但是，前文所有的重点都在阐述"先胜"的逻辑。那么，"后战"到底体现在哪里呢？奥秘就在于全员目标管理，这才是预算管理真正的绝招。

具体来说，预算管理是如何来"战"的呢？我们依然以前面的营销副总裁为例。

我们已经算出 2021 年 1 月的第一个工作日，这位营销副总裁需要完成的业绩指标是 665 万元。接下来，到了这一天的晚上7点，我们开始看数据，发现实际完成业绩是1 000万元。对照预算数据来看，实际完成业绩超出了业绩指标335万元。

看到这个业绩，很多老板脸上可能笑开了花，但是不要高兴得太早，这可不一定是好事。因为实际数据与导航数据偏离了，就说明有人没有打准。这次打高了，下次就有可能打低。所以，我们非但不能欣喜若狂，反而还要刨根问底，从营销副总裁回溯到各销售渠道：为什么实际数据会比预算数据高这么多呢？是哪些部门、哪些员工偏离了预算的导航数据？为什么会偏离预算数据？管理者要对以上每个问题的答案做到心中有数，防止这次的业绩只是偶然撞到的。

以此类推，每人每天都要根据自己的预算表来反省：目标是什么？达标用了什么方法？最后是打高还是打低了？为什么会偏离预算目标？每个人只有不断地通过反省找到真因，才能改进从定标到达标的整个闭环。

因此，预算管理的本质就是先通过全员一杆枪，将所有资源全部集中，然后算到每个部门、每人、每天、每件事，最后形成每个人的工作施工图。紧接着，所有人按照这张施工图来进行管理。譬如，销售人员每天上午8点到9点做什么，9点到12点做什么，下午1点到5点做什么……一切时间节点、动作都已经被提前规划出来了，细致到每人、每天、每时、每件事，最后管理者再通过晨会盯预算目标，夕会追目标差距，复盘原因并寻找改进方法来进行全员目标管理。如此日复一日，企业的经营必然走上正轨。

老子在《道德经》中告诫我们："天下大事必作于细。"一个再大的目标，也是靠分拆到每一件小事来完成的。预算管理就是要将战略目标拆分细化，从战略到创新、到产品、到用户、到团队、到成本……都要分解到每个部门，再从"天王"分解到将、到兵、到士，最后到时间节点。如此一来，公司的战略目标才能转化为具有可操作性的指标和行动方案。所有人都能按照时间轴和工作轴逐层分解，最终得到一张属于自己的施工图。

一家经营得好的企业应该没有惊涛骇浪，只有重复，每人每天认认真真、踏踏实实、仔仔细细地把每一件小事做好，从上到下每天头拱地死磕。什么是头拱地？就是跪在地上灰头土脸。经营企业一定要戒骄戒躁，要把根扎在土里面。日日练日日功，就是这样头拱地死磕，没有什么壮丽的事业。

国学大师钱穆曾经说过一句话："古往今来有大成就者，诀窍无他，都是能人肯下笨劲。"我深表赞同。创业36年，我一路追随过真正的大企业家，也见证过很多优秀前辈的成功，最后发现真正的成功之道不是靠什么捷径，而是靠天道酬勤，靠日复一日地头拱地死磕。真正成功的企业，靠的是日复一日地扎好马步，练好基本功。一个不愿意苦练基本功的人，一定不可能成功，因为没有根基的繁荣只能是暂时的。千万不要相信一夜暴富的谎言，那不过是因为你只看到别人台上的一分钟，却没看到别人台下的十年功。

从这个角度看，预算管理也是以静制动。企业通过预算管理，将自己能确定的事提前确定下来。至于外在的变化，我们无力改变，只能顺势而为、随机应变。预算管理的逻辑就是做好每人、每天、每件事的日日功，从上到下每天对照预算目标进行反省改进。长此以往，企业的成功是必然的，失败反而会变成偶然的。因为一旦企业把管理的根扎下去了，后面开花结果就是水到渠成的事情。相反，如果企业前期没有练好这些基本功，没有把根扎下去，那么现在的成功只能是昙花一现，而未来的失败则会成为必然。

第七章

绩效管理：
人均效能倍增

激活底层驱动力：用机制驾驭人性

在企业通过预算管理将战略分解到每人、每天、每件事以后，战略就真正落实到人身上了。现在每个员工手上都有一张施工图。但是，在员工拿到施工图以后，他会选择做还是不做呢？很多员工可能会选择浑水摸鱼：领导在我就工作，领导不在我就偷懒。这就是因为你还没有解决他的内在动力问题。要想让员工绩效倍增，关键在于要实现一个转化：让员工从"为公司做"到"为自己做"。如果这个问题不解决，企业就不能激发员工的自驱力，绩效倍增便无从谈起。

经营企业时间越长，我就越发感觉到人就像一根弹簧，具有强大的伸缩性。如果一家企业能激发人的动力，人就可以拉伸到极限100；相反，如果企业无法激发人的动力，那么人可能会缩回到1，甚至最终给企业造成的损失是-100，因为不敬业的员工就像一株毒草，不仅不产出价值，反而会污染周遭的环境，所以最后他释放出来的能量就是负的。

那么，如何才能激发员工的动力呢？要从根本上解决这个问题，关键在于知人性，识人欲。商业是和人打交道，用户是人，团队是人，供应商、经销商都是人。只有理解了人性的本质，企业才能真正激发人的动力。

"人"字由一撇一捺组成，乍一看非常简单，但是，这一撇一捺的背后非常复杂。因为人本身具有两面性：一半天使，一半魔鬼。人有巨大的创造力，也有巨大的破坏力。所以，我们经常会感慨一个人的变化无常。刚进公司的小李有强烈的饥饿感，可是一旦他得到重用，得到了物质和地位，可能就变了：他不愿意再奋斗，甚至可能为了维持自己的既得利益，做很多伤害公司的事情。并且，人与人之间千差万别，你找不到两个相同的人。

企业家如何才能驾驭人的两面性，激发不同的人的内在动力呢？最简单的方法是抓住人性底层的逻辑。基于人性的底层逻辑去设计机制，沿着人性的底层规律去做激励和约束：激励人性天使的一面，约束人性魔鬼的一面。

那么，人性的底层逻辑是什么？一言以蔽之，趋利避害。一方面，人是趋利的，人人想要物质富足、地位显赫；另一方面，人也是避害的，人天然惧怕风险、害怕失去。行为学家研究发现：人的动机来自追求快乐、逃离痛苦。其实，追求快乐、逃离痛苦就是趋利避害。事实上，这不仅仅是人性，甚至是所有动物的本性。从生命诞生的那一刻开始，人和动物就遵循了这一基本规律。

比如，马戏团的驯兽师是如何训练大象跳舞的呢？对大象而言，跳舞本身是高难度动作。但是，马戏团的驯兽师抓住了大象趋利避害的特点。只要大象按照驯兽师的指令做出指定动作，驯兽师就会马上赞美大象，并给大象奖励好吃的食物；反之，如果大象没有按照驯兽师的指令做，那么驯兽师就会把大象关进小黑屋。虽然大象没有如同人一般的高智商，但是，它立马反应过来了，这不是它想要的。渐渐地，大象就开始按照驯兽师的指令一步一步做。所以，大象被改变，它跳舞就是因为驯兽师对它有非常清晰的指令，并且奖罚分明。

这给我们什么启示呢？如果我们想让一个组织朝着一个方向前进，并做到令行禁止，那么有两个动作非常关键，那就是奖和罚。在一个组织里面，奖罚要分明。我们要通过奖罚告诉组织里的所有人，什么是组织提倡的，什么是组织反对的。也就是说，奖罚分明代表企业的价值主张，代表企业想要什么、不想要什么。如果企业想要高绩效，就要奖励高绩效员工；如果企业不想要低绩效，就要割掉低绩效的尾巴，让低绩效员工出局。

企业奖什么、罚什么，会反过来塑造员工的思维方式和行为方式。一个好的奖罚制度是生产力，能够激发所有人向上的动力；而糟糕的奖罚制度，则会让人性中的病毒更快速地发作和蔓延，最后令整个组织崩盘。

物有本末，事有先后。我们再深入一步思考：到底奖和罚哪个更重要呢？如果能找到关键按钮，我们就一定能事半功倍。心理学的研究表明，人类逃避痛苦的动力要比追求幸福大4倍。这意味着什么？罚比奖要重要4倍，罚才是其中的牛鼻子。如果一家企业没有处罚低绩效，最后就会酿成大问题。

根据我们多年来的观察，许多中小企业根本还没有意识到这个问题。大部分企业表面上是有绩效机制的，其实那只是伪绩效机制，因为员工的绩效贡献与价值分配并没有真正匹配起来。

比如，今天很多企业虽然有绩效机制，但是绩效设计得非常诡异，每个岗位对应一大堆考核指标。其实这恰恰说明：企业家和管理者没有想清楚这个岗位到底能创造什么价值。企业在考核指标的设计上一定要专注聚焦，因为指标太多会害了员工，他们不知道到底该做什么。这就意味着：在做绩效管理之前，企业家和管理者一定要仔细分析这个岗位到底能创造什么价值，基于其创造的价值来匹配收益。

这个工作甚至要前置到招聘之前。如果你在招聘一个人之前，不能把绩效机制设计出来，想不清楚这个人到底要为企业创造什么价值，以及该如何评估和分配利益，那么你不应该招聘这个人，因为你招过来的人可能根本就不对。只有当你想清楚这个人能创造什么价值时，企业才会投入资源让你去招聘。

当然，还有一部分企业也设计了奖励机制，但只是小奖。为什么只是小奖？并不是企业家吝啬，而是长期的大锅饭导致企业根本没有实力来支撑"大奖"。

同样地，在罚这件事上，中小企业更是无所作为。大多数中小企业既不敢罚，也没有条件去罚。因为罚的前提是企业的人才密度要大，招人的入口要大，人才复制的能力要跟得上。只有人才补给跟得上，企业才敢于去罚，否则，整个组织的人才池很快就要见底了。因此，罚这个动作执行不下去，究其根源，还是在于企业家对人的重视度不够，没有把精力花在招人、选人上，也没有建立人才体系。所以，一旦人才战略没有做好，就会影响到绩效管理体系。再加上组织和人本身受制于熵增定律，如果我们不加以管理和控制，组织就会从有序到无序。当企业的内耗持续增加时，整个企业的效率直线下滑，我们就更加无能为力了。

因此，经营企业一定要有清晰的价值主张，要奖罚分明，并且罚比奖更重要。归根结底，一个组织的战斗力，往往就是由奖罚的力度决定的。一个组织的凝聚力，也是由奖罚而产生的，奖得越高，罚得越重，组织的凝聚力就越强。企业要让多劳者多得，让"雷锋"升官发财，让不劳而获者出局。最后，整个组织就会像水一样流动起来，人才有进有出，先让没有价值贡献的人下车，再让真正有价值贡献的人上车。

绩效是奋斗出来的，机制是放大器

大锅饭和绩效考核的区别在哪里呢？我们通过一个例子直观地对比一下：在这两种不同的机制下，员工的绩效会产生哪些变化？

假设你们公司是一家吃大锅饭的公司，每月给每个员工发工资5 000元。所谓大锅饭，就意味着员工的工资和绩效没有挂钩。无论做多还是做少，所有人都拿5 000元的月薪。但是，个体能力是存在差异的，假设现在这家公司有两名员工，员工A能力很强，他一个月做了10件事，员工B只做了1件事，结果到了月底，他们俩都拿了5 000元的工资。

请问，员工A满意吗？显然不会满意，因为B只做了1件事，却和他拿了一样的工资。

再问，员工B满意吗？非常不满意。很多人以为员工B会很满意，其实恰恰相反，B会非常不满意。因为这5 000元是每个月必拿的，人人都有。发工资时，大部分人的内心是什么感受？"就这么一点儿钱！"所以，即便B只做了1件事，他也会嫌工资低。更麻烦的是，B的领导会找他谈话，告诉他A做了10件事。听到这个消息，B不会服气，他内心可能会想："虽然A做了10件事，但是这10件事一定做得非常粗糙，哪像我做得这么精细呢？"

这就引出一个关键词：标准。当一个组织吃大锅饭时，你就没有办法告诉所有员工什么是对的、什么是错的。公司不能奖罚分明，通常会带来双重打击：既挫伤了好员工的工作积极性，也打击了差员工。因为一旦没有清晰的奖罚标准，差员工会自以为是、自视甚高。所以，一家好公司必须让所有新员工入职以后，马上看到做什么会得到奖励，做什么会受到惩罚，这种奖罚措施就相当于企业的红绿灯系统。

回到上面的案例，在A和B的领导发现两人的差异之后，领导很可能会把时间和精力花在 B 身上，因为他觉得 A 已经足够好了，不需要他操心了。结果，在领导的帮助下，第二个月 B 完成了 1.5 件事。这时，B 会非常自满，因为他已经进步了 50%。

再来看 A。当他发现自己做 10 件事，却和做 1 件事的 B 都拿 5 000 元的工资时，他产生心理不平衡，再加上领导将全部精力都放在 B 身上，对他缺乏监督。到了第二个月，A 仅仅完成了 5 件事，效率下降了 50%。

最后，这个公司的总绩效就从第一个月的 11 件事变成了第二个月的 6.5 件事，人均绩效反而下降了 40%。长此以往，员工 A 的工作绩效还会继续下降，直到向最低标准靠拢，这时他才会心理平衡。但可怕的是，公司的人均效能越来越低，并且陷入了恶性循环。

如果公司还在源源不断地接订单，那么按照目前的工作效率，订单不可能如期交付。无奈之下，焦头烂额的老板只能选择继续增加人手。然而，所有新员工在大锅饭的机制下，最终都会向 B 靠拢。结果新招进来的员工不仅无法解决效率不足的问题，反而还会拖累公司，让公司的人工成本、管理成本和运营成本等增加，进一步吃掉公司的利润。

那么，如何才能摆脱这种窘境呢？我们不能让创造价值的人吃亏。现在公司要导入绩效管理，成为一家绩效导向型的公司，让每个员工的收入与工作价值贡献挂钩。所以，公司不是为员工的工作时间付薪，而是为员工创造的价值付薪。

具体如何操作呢？首先，公司要向员工传递绩效主张——你为什么要工作？以销售人员为例，今天很多公司的销售人员眼里只有一样东西——收入，这是不对的。公司一定是要给员工的工作注入意义。人必须超越自我，不能只用自己的眼光去审视，而要从对方的立场去思考，做这件事会给用户带来什么好处吗？如果不能给用户带来好处，完全只对自己有好处，那么这件事就不可持续。因为商业的本质是利他，是为社会创造价值。公司必须给员工传递一份崇高的社会责任，塑造员工的使命感。

请注意，收入和利润等都是预算上的财务指标，在绩效管理上，公司要把这些财务指标转化为工作任务，公司要传递的是使命：工作的使命就是要帮助用户成功，这才是工作背后的价值。比如，作为一个店长，这家店长期亏损只能说明一个问题——你没有把顾客服务好。作为一个员工，你为什么收入低？因为你没有让用户感动。从本质上来说，员工的收入是成就用户的结果。员工帮助的用户越多，用户回馈给他的业绩也会越多。因此，他的收入是用户给他的奖励。

价值主张的焦点有两个。一是让员工理解工作的意义和价值。公司是社会的器官，任何一家公司都必须对社会做出贡献，才能生存下来。二是让员工理解自己的收入来自用户，必须为用户创造价值。只有先让用户得到价值，我们才能分享价值。所以，员工的收入要和用户挂钩。

假设这个公司设计的底薪是1 000元，剩下的都是绩效工资，那么，员工每服务一个用户，就会拿到400元的绩效工资。员工A服务了10个用户,做了10件事,那么A的收入=1 000+400×10=5 000元。而员工B只服务了1个用户,只做了1件事,那么他的收入=1 000+400×1=1 400元。如此一来,员工A和B的收入差距,就清晰地表达了这家企业绩效主义的价值主张。因为收入本身就是奖罚的结果,收入的差距就是最好的教育。

现在员工A满意了,因为他的收入与他的价值贡献是成正比的,收入就是他的奋斗曲线。所以,他会告诉自己:未来我还要更加努力,这样我的工资会更高。而此时,员工B的领导正在和他谈话:你为什么只服务了1个用户?如果员工B不改进工作方法,就必须离开公司。

到了第二个月,员工A又精进了一步,完成了12件事,而员工B要想留下来,就必须向标杆A学习。经过对标学习,第二个月终于完成了6件事。如此一来,企业第二个月的总绩效就从11件事变成了18件事,人均绩效提升超过50%。

做到这一步还不够。如前所述,罚比奖更重要。那么,这个原则体现在哪里?电网机制。公司还要在绩效机制后面设计一个电网:员工每个月绩效低于5件事以下,需要自动离职。通常来说,如果公司有这个电网机制,这个机制就一定会真正触动员工B。因为一旦触碰电网,他丢的就不仅仅是收入和工作,更是自尊心和面子。昨天他还在"朋友圈"晒公司环境和公司福利,今天该如何向亲朋好友解释自己被解雇呢?

因此,对B来说,现在只剩下两个选择:要么豁出命去干,废寝忘食也要突破5件事,保证自己不触碰电网;要么收拾行李，马上离开公司。通常情况下，人性中不服输的那一面会被瞬间激发出来。大部分人不会选择离开，会想改变自己。于是，他会主动拜A为师，请教A是如何做到每月完成10件事的。随着考核时间越来越近，B会越来越努力，B的奋斗精神就这样被激发出来了。

好制度会让坏人变好，坏制度也会让好人变坏。在一个组织里面，大锅饭一定是大错特错的。因为人本身是有差异的，有人做得好，有人做得差。既然人的能力有差异，价值贡献有差异，企业的价值分配就应该拉开差距，这才符合常识。做得好就激励，做得不好就处罚，有奖有罚，有高有低，有上有下，有进有出，千万不能一刀切。在这件事情上，企业只坚持一个主义——绩效主义，必须有非常清晰的价值主张，团队中的所有人必须为用户创造价值，只有用户得到价值，企业才能分享价值。

按照熵增定律，组织的业绩曲线本身一定是下滑的。如何对抗组织的熵增？企业真正的绩效增长来自哪里？只能来自全员上下的奋斗精神，来自全员上下跳起来为用户创造价值。事实上，不管是国家还是企业，任何组织想绩效倍增只有一条路——奋斗。没有闻鸡起舞的奋斗精神，没有反人性的拼搏精神，任何一个组织最后都会坐吃山空。

在阅读华为顾问田涛教授的《我们为什么要做企业家》一书时，我发现了一个有意思的小细节：大哲学家马克斯·韦伯在第二次考察美国时，看到一些现象，让他陷入忧思，即财富对清教徒来说，本应是"轻飘飘的斗篷"，可以随时扔掉，最后却变成束缚人的铁笼，人们不再奋斗了，不再努力了。

今天欧美的衰落已然印证了他的担忧。以欧洲国家为例，欧洲的衰落根源就在于人性中懒惰的病毒发作了，正是欧洲的高福利葬送了欧洲人的奋斗精神。所以，每每近距离观察欧美人的生活状态，我都会感慨：中国人是把1天当成3天来过，而欧美人却是把1天当成1/3天来过。所以，今天中国崛起靠的是什么？靠的是中国人四十年如一日的勤奋，靠的是中华民族骨子里的奋斗精神。

华为就是一个典型的例子。有研究华为的学者指出，华为的文化是长期坚持艰苦奋斗，这是基于人性提出来的。事实上，人性本身包含懈怠，尤其是高管富裕之后，奋斗的动力就没有那么足了，转而追求生活的质量等。但对企业来说，如果高管追求闲暇，那么企业的奋斗精神从何而来？如果高管不奋斗，那么如何让员工去奋斗？对企业来说，自发的趋势其实是懈怠，而不是奋斗。奋斗一定是靠企业的机制创造出来的一种状态，不是一种自发的状态。华为用熵增定律来解释这个问题，并将其作为华为人力资源管理的一个基本假设和理论支撑。

这与我们对人性的体察是一致的。欲望是驱动人奋斗的原动力，但是对大多数人来说，欲望的满足一旦超过了某个边界，它就反而从奋斗的动力变成了阻力。如果为员工的财富和权力标上刻度，那么很多新员工刚进企业的时候，财富和权力是0，所以奋斗动力十足。随着他的职位和能力往上走，他的财富和权力刻度终于到达了自己预期的10，这时他的动力就消失了。然而，企业为了反熵增，必须让员工跳起来，并且持续跳起来。此时，员工心里就会冒出各种问题。第一，我为谁做？第二，我做多少？第三，我的心态变了：今天我已经小有作为，所以我想享受生活，不想再奋斗了……这些都是熵增定律在人身上的体现。

那么，企业用什么去对抗人身上的熵增定律？员工又凭什么要奋斗？他们的收益在哪里，动力又在哪里呢？这些就是绩效机制要解决的问题。企业家的任务，就是要建立一套有效的绩效管理机制，这套机制会起到放大器的作用，更好地激发员工的奋斗精神。最后，企业通过一套好的制度、一个清晰的价值主张，打破过去大锅饭的僵化和恶性循环，以成就用户为标准，实现多劳多得、少劳少得，不劳出局，并通过这种落差推动员工持续奋斗。

需要强调的是，这种动力不仅仅是本章所强调的薪酬制度，还包括权力、地位、荣誉、组织对个人的奋斗精神以及贡献的尊重和认可、员工干出事业的成就感……这些都是动力系统中不可忽略的部分。由于本章篇幅有限，这里暂且不展开讨论。

绩效飞轮：目标×方法×检查×奖罚

企业如何才能实现绩效倍增呢？根据30多年的实践经验，我们提炼总结出一套管理体系。这套管理体系包括4个关键节点：目标、方法、检查、奖罚。这里要提醒大家：这4个关键节点其实是一个动态循环,切忌从一个维度去思考,因为它们之间是互相依赖和互相咬合的,千万不要孤立地去学。

- 目标。企业的绩效机制设计首先要从员工的目标设计开始。
- 方法。目标设定以后,我们还要辅助员工找到达标的路径和方法。
- 检查。大多数人只会做领导布置并检查的事情,因此,检查是绩效管理一个必不可少的环节。如果管理者不检查,员工就一定会认为做不做都无所谓。
- 奖罚。企业要明确表达价值主张,达成目标的要奖,未达成目标的要罚,并且不能小奖小罚,而要大奖大罚,这样才能真正触动人心。

在与老板和高管沟通的过程中,我们发现很多老板和管理者将绩效机制片面地理解为奖罚机制。经常有高管抱怨:"在我们以往的认知中,绩效管理就等于考核。而员工则认为,企业之所以要进行绩效考核,其实就是为了扣员工工资。所以,员工对提升绩效没有任何积极性。"但实际上,绩效管理的逻辑不是为了考核绩效,更不是为了扣工资,相反,它是为了激发员工的动力,开发员工的潜能,让员工去挑战高目标,赢得高绩效。所以,过去员工理解的绩效考核其实与真正的绩效管理是背道而驰的。

企业必须从"绩效考核"转向"绩效管理",围绕着提高绩效展开循环管理,形成"目标—方法—检查—奖罚"的闭环优化,它是一个反复循环前进、螺旋上升的管理过程。也就是说,在这个闭环第一次运转完成以后,企业还需要帮助员工再次设定新目标:对于那些达标的员工,企业应该为其设定更高的目标;对于那些未达标的员工,管理者也不能轻易放弃,而是要帮助他们一起总结原因、找到改进对策。这样一来,企业的绩效机制就像一个飞速转动的轮子,不断地重复着目标、方法、检查和奖罚的绩效管理流程,我们形象地将这个绩效机制命名为"绩效飞轮"(见图7-1)。

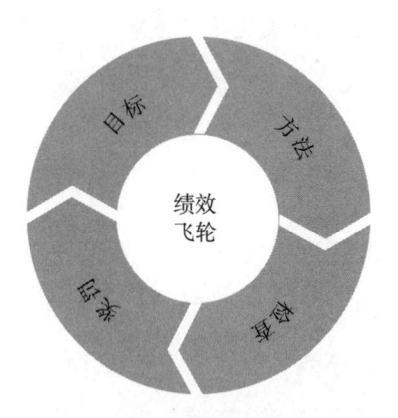

图7-1 绩效飞轮模型

"飞轮"是从管理学大师柯林斯的《从优秀到卓越》一书中借鉴而来的概念。你可以想象有一个巨大的、无比沉重的轮子,如果你想让它转起来,那么刚开始要使很大的力,轮子才能很缓慢地转动起来。但是,只要你用力的方向正确,一直推下去,轮子就会越转越快，到后面你只要使很小的力，轮子依靠以往积聚的势能就能自动转得很快。如果你依然很用力地推，它就会越转越快。绩效飞轮就是这样一个轮子。

经常有人向我们请教，管理者应该如何做绩效管理？事实上，绩效飞轮是一个通用的绩效管理方法论，上到董事长，下到小组长，所有管理层都可以运用绩效飞轮来做管理。下文将详细阐述绩效飞轮中每一个节点的设计逻辑。

目标设计：10% 底薪 + 90% 绩效 + 电网

在设计目标之前，企业首先要明确这个目标是什么。这个目标指的不是企业的业绩目标，而是员工的收入目标。

以行动教育为例，2021 年我对所有管理层和员工的承诺是收入比 2020 年增长 30%。那么，这个承诺如何实现呢？当然要靠员工创造。所以，紧接着我们马上就召开了集团干部会议，将所有领导的指标全部上调 30%，然后以终为始，在原有的基础上全部倒推：为了达到员工的收入增长 30%，从现在开始，每天的工作业绩要增长 50% 以上。

我们继续追问：员工的收入是怎么来的？从用户那里来的。唯有成就用户，为用户创造终身价值，用户才会重复购买。所以，这里的目标设计不能向员工传达业绩目标或者收入目标，而是要将员工的薪酬设计与为用户创造的价值挂钩，管理者要把绩效转化为工作成果。比如，销售总监会告诉员工：你每个月的目标是成就一位校长。请注意，这句话非常重要。一旦机制设计好了，我们就不会再提及绩效。在日常管理动作上，我们强调的是成就用户，强调工作的使命感，而不是个人收入。所以，行动教育的日常管理动作不是以收入为导向，而是以成就用户为导向。

这说明什么？企业要超越对利润的追求。很多企业是以利益来驱动员工的，最后员工会因短期利益而动作变形，为了自己的利益伤害用户的利益，影响企业的可持续发展。所以，我们一定要强调成就用户，帮助用户成功。在机制设计上，企业也不能以利益为导向，而应以使命为导向、以意义为导向。员工只有超越了短期的个人利益，站在利他的视角，才能具备更高远的视野，牵引和驱动组织的持续发展。理解了这一点，我们再来讲解目标设计的逻辑。

企业绩效机制的核心是要设计出落差：低底薪＋高绩效＋电网。假设这个岗位的总收入是 10 000 元，现在公司要设计这 10 000 元的结构：其中 10% 是员工的底薪，90% 是员工的绩效。为什么要有这么大的落差？因为落差就是动力。落差越大，动力越足。企业只有通过这种方式，才能让员工的命运和公司的命运一体化，实现真正的命运共同体。

2021 年春节放假之前，我们集团"绩效模式"的主讲人江竹兵老师和我分享自己的体悟，他说："我大学毕业以后在一家国企工作，收入构成是 100% 底薪，我没有动力；然后，我跳槽去了一家世界 500 强的外资企业，我在外企的收入构成是'90% 底薪+10% 绩效'，结果我还是没什么动力；但今天在行动教育，我的收入构成是'10%底薪+90%绩效'，我开始拼命干！"

为什么？因为这种绩效方式把个人和企业绑定在一起。对真正的人才而言，高绩效实质上是一种大奖励模式，只有大奖励才能让人突破潜能，创造奇迹。最后，他可能不止完成预期的90%，甚至完成190%、290%都有可能。要想让一个人业绩倍增，关键要让他的潜能被激发。而激发潜能最关键的一点就是要让他明白，他不是为了企业而奋斗，不是为了老板而奋斗，是为了自己而奋斗。对真正能服务好用户的人才来说，这种绩效机制只会让他们的收入更高，而不是更低。

在行动教育，所有分公司总经理的收入构成都是"10%底薪+90%绩效+电网"。作为总经理，你的收入与成就用户的能力息息相关。如果你成就的用户多，你的收入自然就高。反之，如果你没有成就用户，你的收入就会很低。部门经理和员工的考核也遵循同样的逻辑，只是绩效考核的指标有所不同：总经理的绩效考核指标是利润，部门经理的绩效考核指标是团队业绩，而员工的绩效考核指标是个人业绩。

这个设计意味着什么？背后有三把刀。第一把刀是入口，对应的是低底薪；第二把刀是井喷口，对应的是高绩效；第三把刀是出口，对应的是电网。

哪一把刀最锋利呢？电网。电网本质上是用机制来制约人性的劣根性，让所有人都保持一种紧张感，这种紧张感是企业战斗力的来源。任何一个组织要有效率，一定要有高绩效的压力，一个松松垮垮的组织是打不了胜仗的。

我们观察过很多中小民营企业，它们在绩效机制上最大的问题就是组织没有出口。这就好像水流一样，如果水只进不出，最后就会变成一潭死水。很多企业人满为患，七大姑、八大姨全都有职务，这样的企业不可能有竞争力。因为企业不是家，企业遵守的不是家庭的游戏规则，而是自然界的丛林法则：优胜劣汰。一切以效率为先，谁更有效率，谁就能活下来。但是，家是完全不一样的地方，家不可以讲优胜劣汰，也没有什么效率可言。所以，我们最怕那种喜欢讲"家文化"的企业，老板恨不得员工一个都不能少，迟早会发现自己拖不动。

企业更像一支足球队，上来就要进场比赛，进球了加分晋级，输球了扣分出局。商场本质上是一个不相信眼泪的赛场。在商业世界里，胜者为王，败者为寇。所以，作为企业家，你要和员工讲清楚，企业的使命是赢得比赛，如果赢不了比赛，所有人都会被市场淘汰出局；如果企业赢得比赛，用户的鲜花、掌声、荣耀就都来了。你必须让企业进入一个正向循环：我们为用户创造价值—用户回馈给我们奖赏—我们更加努力地为用户创造价值—用户给予我们更大的奖赏……最后，每个人都能找到生命的意义和幸福感。

经营企业要从一个胜利走向另一个胜利，必须持续向前推进，这件事情没有终点。一旦过程中有人掉链子，就必须下车，把座位留给那些能够创造价值的人，任何人都不能例外。否则，如果只进不出，企业就变成貔貅了。所以，你要用积极的态度去看待企业的出口，出口是促进生产力的，而不是破坏生产力的。随着企业的发展，有的人跟不上发展了，有的人欲望被满足以后动力衰竭了……如果这样的人还留在车上，就只会削弱企业的战斗力。

因此，绩效机制的关键是要激发员工的动力。组织里真正有创造力的是人，如果你不能设计一套激发人的机制，那么再好的人才也会被大锅饭的环境腐化。只有当好坏的差距拉开了，员工之间的绩效有了落差，企业才会拥有势能。在一个企业中，我们要让真正创造价值的人活得最滋润。就像在行动教育，绩效越高的人，收入越高，幸福感越强，忠诚度也越高，越不会离开这个平台。这种机制是要把最优秀的人才凝聚成一块铁板，因为只有这群人才能在平台上实现物质和精神双丰收。一旦懈怠下来，他们就将面临出局，这就是游戏规则。

现在很多中小企业的问题在哪里？低绩效员工宁愿在公司里熬着，也不愿意离开。管理者的大部分时间都在给这群人做思想工作，结果累得精疲力竭，还不出业绩。实际上，企业99%以上的问题是钱的问题，经济基础决定上层建筑。所以，企业必须设计"低底薪＋高绩效＋电网"的绩效模式，让高绩效员工多劳多得，中绩效员工少劳少得，低绩效员工快速出局。只有大奖的正向激励和大罚的负向激励的相辅相成，才能让每个员工真正从"要我做"变成"我要做"的奋斗者，其内在的潜能才能真正释放出来。

达标方法：传×帮×带

收入目标设定好以后，接下来管理者还必须帮助下属找到达标方法。

在服务企业的过程中，我们观察到很多企业达标能力弱，一个关键原因是传帮带体系做得不到位。很多企业没有对员工进行培训、辅导、支持，基本上员工出成果是"看天吃饭"，自己能成长起来就留下来，成长不起来就流失掉。很多企业的员工本身基础素质不错，为什么达标能力差呢？因为他们缺乏工作方法论。一旦他们没有工作方法论，只能靠自己摸索，试错成本就会很高，绩效就会大打折扣。所以，目标设定好以后，企业还要向员工教授达标方法。

员工的工作方法论是从哪里来的？靠的是企业的传帮带体系。什么叫传帮带？传是传承，也就是教育和培训，这也是前文中要求企业组建企业大学的意义所在。帮是上对下的帮扶和支持。作为领导者，必须把自己当成下属的后援团，随时准备帮助下属解决他们解决不了的问题。所谓"带"，就是老员工带新员工。比如，师徒制就是一种典型的老带新机制。

打个不太恰当的比方：企业招聘员工就像招兵，刚刚入伍的新兵上战场的阵亡率一定高。要想降低阵亡率，首先要把一个新兵蛋子变成一个会打仗的士兵，而这一切都来自传帮带体系——首先要对达标路径进行系统梳理，编制标准化手册，并及时地通过传帮带体系将达标路径传授给新人。经过日复一日的训练，新兵才能蜕变成真正的士兵，拥有真正的战斗力。

优秀的企业一定非常擅长做知识管理，善于将业务高手脑子里的隐性知识提炼成企业的显性知识，将标杆的成功要素像庖丁解牛一样解构出来，提炼成标准化的"套路"，并存进企业的"知识银行"。任何一个新人进入企业，都可以通过提炼好的"套路"，迅速复制最有效的达标方法，将其转化为自己的能力，并产出业绩。所以，任何一个领导在管理部门时，必须用各种机制，让标杆员工总结自己的成功路径。不总结就不可能实现可复制。只有将成功路径提炼为标准动作，企业才能通过传帮带体系，将达标方法传承下去。

比如，在行动教育，公司专门编写了《教官手册》，这本手册本质上就是一幅详细的带教地图，为教官如何对员工进行带教制定了详细的标准化流程，包括带教目标、带教方法、带教技能、带教体系、带教日记以及相关制度保障等，全部都有十分详尽的阐述。可想而知，一旦形成标准化手册，带教的教官就有了带教的抓手，可以直接按照手册进行人才的标准化复制。当然，这还只是行动教育传帮带体系中的冰山一角，在传帮带体系中，公司针对每一个层级、每一个岗位都有对应的标准化手册。

因此，究其根源，员工能否快速掌握达标方法，本质上考验的是企业管理的标准化和精细化能否做到位。如果企业没有将传帮带体系整理为标准化流程，并严格按照这个标准化流程执行和管理，那么员工的达标能力自然很难提升。

检查逻辑：高中基 × 两会一本

绩效飞轮的第三个节点是检查。只有通过检查，企业才能及早发现员工的动力、动机甚至能力上暴露出来的问题，以便对症下药。事实上，我们并不害怕员工犯错误，因为犯错误在所难免，关键是企业必须有一套及时检查的系统，只要能够提早发现并纠正错误，企业就不会陷入更大的麻烦之中。

遗憾的是，今天很多中小企业没有重视检查这件事情。实际上，高绩效一定是检查出来的。懒惰是人性的弱点，大部分人只会做领导布置并检查的工作。所以，如果领导不做检查，这种懒惰的病毒就会发作，在组织中蔓延开来。

具体来说，企业应该如何做检查呢？检查必须逻辑清晰，从上到下分级分段完成。

第一段：每月财报会议，董事长检查总裁

在我担任 TOM 户外传媒集团总裁的时候，董事长是一位叫陆法兰的加拿大人。他与李嘉诚先生共事 30 年，曾经担任和记黄埔财务总监，后来调任 TOM 户外传媒集团董事长。陆法兰先生并不经常在公司，但是，每到月底，他一定会准时出现。

他来公司做什么？对我这个总裁做检查。检查方法并不复杂：直接对照预算分析表，逐一检查每月必须填写的 12 张报表，涵盖产品、用户、资产、收入、利润等，一切用数据说话。请注意，陆法兰先生的检查并不是三天打鱼、两天晒网，而是每月不间断，一年下来一共检查 12 次。所以，每到月底，我必

然会面临一次大考。

第二段：每周绩效会议，总裁检查高层，高层再检查中层

创业 30 多年来，我差不多有 25 年都在做绩效检查。我几乎每年有 45 周都会进行绩效检查。在行动教育，每周一必须准时召开每周绩效会议。首先，由我检查"五大天王"和"十大金刚"，接下来，"五大天王"再分别召开各垂直业务线的每周绩效会议，对其下属管理者进行检查。

每周绩效检查包括什么内容呢？对照预算目标，检查每周实际目标的达成情况。为什么上一章强调要做预算？因为预算目标是绩效管理的标尺。预算目标出来了，标尺就有了。我们只需要对照标尺量一量，检查实际业绩与预算目标是否一致。如果两者不一致，那么无论实际业绩是过高还是过低，我们都应及时反省，找出真因，并提出改进方案。

所以，检查就相当于导航系统的校正功能。一旦你偏离了预算的路线，导航就会及时帮你重新规划路线。检查不仅是为了追踪目标的达成情况，而且是为了让管理者真正躬身入局，实时地为下属达标提供支持和辅导。千万不能到年底才发现偏航了，这时候已经来不及了。

第三段：每日三对照，管理者检查基层员工

最后，管理者每天还要对员工进行检查。你发现没有，从上到下，管理者检查的频次越来越高。具体来说，管理者如何

对员工进行检查呢？在行动教育，我们会进行"三每三对照"。

"三每"指的是每人、每天、每件事，"三对照"指的是在一天之中进行的三次目标检查。"三每"强调员工要将自己每天最宝贵的时间花在一件最有价值的事上。对绩效检查来说，更重要的是"三对照"，也就是每天早上晨会对照目标、中间对照过程、晚上夕会对照结果，分析目标的达成情况，总结反省差距，并提出改进方案。如此一来，企业从一开始就将员工每天的工作纳入检查机制之中了。

为了配合"三每三对照"，我们还专门设计了一个实效工具——行动日志。究其本质，它是按照预算分解的逻辑原理设计出来的一个管理工具。通过这本日志，每个人都能将年目标分解为月目标，再将月目标分解为周目标，然后将周目标分解为日目标。为了达成日目标，员工每天都要填写时间分配以及工作事项。

接下来，员工要根据优先级，将一天的全部事项划分成A类、B类、C类……然后，管理者要引导员工每天将大量的时间花在能创造最大价值的"A1事项"上，并确保当天完成。所有事项以及完成的措施、方法，都要白纸黑字清晰地写在这本日志上。这些文字记录是领导者每天检查、事后追踪以及反省改进的依据。

奖罚分明：奖得心花怒放，罚得胆战心惊

检查完成以后，企业就要兑现奖罚了。

如何判断一家企业的奖罚机制设计得好不好呢？它必须满足两个条件。一是有清晰的价值主张。任何人一进入公司，就知道做什么事情会得到奖励，做什么事情会受到惩罚。二是奖罚要拉开差距。企业不要小奖小罚，而是要大奖大罚。

大奖体现在哪里呢？实际上，高绩效机制本身就是大奖。一个人之所以能达成高绩效，是因为成就了用户，并得到了用户的信赖和支持。所以，绩效本身就是成就用户带来的奖励。

曾经有学员提出问题：这种绩效模式对销售线人才是有效的，但对专业线的高级人才会不会缺乏吸引力呢？实际上，针对这种情况，企业可以灵活地设计双轨制绩效。

举例来说，假如现在企业招聘了一个专业人才，他的期望月薪是 20 000 元。如果他入职的是一家吃大锅饭的企业，他的薪酬构成就是"底薪 18 000 元 + 绩效 2 000 元"。但是，聪明的企业家绝对不会这样设计薪酬结构。企业首先要对这个员工进行能力评估，如果评估结果显示"通过"，那么企业可以满足他的月薪期望。紧接着，企业会与他在合同中约定：20 000 元的薪酬中，10% 是保底薪酬，另外 90% 则与绩效挂钩。每服务 1 个用户，他可以得到 3 000 元的绩效收入。假设他本月只服务了 4 个用户，那么绩效收入只有 12 000 元。这时企业该怎么处理？企业会承诺取高不取低，仍然可以给他 20 000 元的保底月薪。相反，假设他本月服务了 10 个用户，绩效收入为 30 000 元，那么他本月的总薪酬就是 32 000 元。

这种绩效设计方式就是典型的双轨制，遵循取高不取低的原则。这样设计的目的，就是鼓励员工突破自己过去的边界，奋力达成更高的绩效。一旦他突破过去的边界，他的收入就完全可以超过内心预期的 20 000 元，上不封顶。这样一来，他会突然觉得这 20 000 元的底薪根本就不算什么，因为他完全可以凭借自己的努力拿到更高的绩效收入。这种机制会大大激发个人潜力。

有人可能会疑惑：如果企业给这位员工的保底月薪是 20 000 元，也就是说，即便他的绩效不合格，他也可以拿到 20 000 元，那么这不也是变相的大锅饭吗？但别忘了我们还有"大罚"。所谓"大罚"，指的就是电网机制。比如，企业规定这个岗位的电网是绩效收入不能低于 15 000 元。这就意味着，如果这位员工服务的用户低于 5 个，他下个月就必须离开。所以，奖要奖得心花怒放，罚要罚得胆战心惊，这两个动作是双管齐下的，而不是单独存在的。

讲到这里，你可能就明白了：绩效设计并不是为了奖罚本身，而是要利用人性趋利避害的特点，通过重奖重罚、双管齐下的方式，达到激发员工自驱力、调动员工工作积极性的目的。所以，整套绩效机制不是人为的，全部都会固化为人力资源制度、财务制度等。早在面试之初，人力资源部和管理者就会告知面试者：我们公司的绩效模式是"低底薪＋高绩效＋电网"。为什么要前置这个环节？因为这是一个筛子，它可以帮助我们有效地筛出那些真正敢于接受挑战的人。他们胸怀大志、愿意拼搏，相信自己能够创造奇迹，这就是我们想要的员工。

20 世纪 90 年代，我所创办的风驰传媒在云南小有名气。随着公司的名气越来越大，我遇到了一件左右为难的事情：亲戚们都想来公司上班，其中包括我的亲妹妹、姨妈、表姐、表哥……有的亲戚已从国企退休，有的是专门辞职过来投靠我的。如果我一股脑儿全部拒绝掉，就显得太没有人情味。但是，如果照单全收，我就把这家公司变成了家族企业。

如何化解这个难题呢？我借助了绩效机制的力量。如果某个亲戚有专业技能，我就将其安排到相关专业岗；如果某个亲戚没有专业技能，那么只能去一线做销售。无论他们在什么岗位，我都会提前告诉他们：公司对所有员工一视同仁，包括我自己在内，采用"低底薪＋高绩效＋电网"的绩效模式，公司每天、每周、每月都要做绩效考核。所以，亲戚们虽然都如愿"上车"了，但在严格的绩效机制下，每天被甩来甩去，很快就受不了了。最后，所有人都"下车"了，只剩下我一个人还在"车"上。当然，我在"车"上也并不轻松，必须用手抓着、用腿盘着，才能保证自己不被甩下"车"。

创办行动教育以后，我也给自己定了一个小目标：在 2030 年之前，我不会"下车"。如果有一天，你听说李践不再担任行动教育的总经理，那么只有一个可能：我触碰电网了。所以，这套机制对于任何人都是同样有效的。今天我在行动教育也要遵守"低底薪＋高绩效＋电网"的绩效模式，每月底薪不足 20 000 元，剩下的收入全部要靠绩效。作为公司总经理，我必须对利润负责任。我的背后矗立着一排排利润数字：一旦利润低于某个数字，我就会被扣绩效；再低于某个数字，我就会被降职；再低于某个数字，我就会被撤职。因此，我自己头上也悬了一把利剑。我必须时时刻刻保持足够的危机感，否则稍有不慎，也会被甩下"车"。

从这个角度看，公司不是我个人的，也不是我们家的，它是大家共同经营的事业。为了保证能在残酷的商业竞争中活下来，公司必须有清晰的奖罚制度和劳动价值主张，让公司里每个人都了解自己的责任和使命，明白做得好会得到奖赏，做不好要接受惩罚，接下来还必须反省、学习和改进。如果你不能接受这种惩罚，不愿意反省改进，你就要离开这个组织或者换一个赛道。

第八章

营销管理：定价定天下

营销 4P 的"牛鼻子"：定价是王中王

本章要解决一个所有企业家都非常关心的问题：企业是如何做大的？具体来说，企业的年营收如何才能从 1 000 万元增长到 1 亿元、10 亿元、100 亿元呢？我们要找到企业做大的本质规律和方法论。

事实上，在西方 100 多年的管理历史上，有一位营销学大师已经洞悉了营销管理的本质，他将市场营销的逻辑抽丝剥茧，最终提炼出一个简单、可操作的框架，这就是今天大家耳熟能详的 4P 理论。那么，4P 理论是如何发源并流行起来的呢？只有沿着这个理论产生的时代轨迹，我们才能更深刻地理解它的价值。

任何理论的流行必然是因为回应了那个时代的困境。在 20 世纪 60 年代，美国的企业到底面临哪些困境呢？一个典型的困境是，大部分美国企业都是以工厂为导向，而不是以市场为导向。企业家们主要把精力放在产品创新和技术创新上,因为当时美国企业已经通过产品创新打开了全球发达国家的市场。但是,随着生产的产品越来越多,出现了严重过剩的危机。所以,彼时许多美国企业也像今天的中国企业一样,面临价格战的死局:不降价是等死,降价是找死。在这种现实背景下,美国涌现出了一批研究市场营销的专家,各种理论甚嚣尘上,其中最著名的当属杰罗姆·麦卡锡教授提出的 4P 理论。

这个理论指导了很多美国企业家,他们发现:如果企业想要做大,就一定要把 4P 做强。可以说,从 20 世纪 60 年代到今天的移动互联网时代,没有企业可以逃脱 4P 的逻辑框架。所以,经典就是经典,它找到了营销组合的 4 个基本元素。

那么,到底什么是 4P 理论?4P 是 4 个英语单词的缩写:产品(Product)、定价(Price)、推广(Promotion)和渠道(Place)。实际上,4P 是一套连环拳。如果企业只解决其中的一个问题,那么最后还是很难成功。那么,这 4 个基本元素对于企业分别意味着什么呢?我们要拨云见日,洞悉其背后的本质。

- 产品是王道。大家经常说产品为王,因为产品必须是最开始的那个 1,如果产品是 0,那么后面一切都没有意义了。所以,产品是王道,是后面 3 个元素的基石。如果没有好产品,企业就不可能有长远的发展。
- 定价是王中王。定价关系到什么?客户的支付成本。你有什么样的定价,就决定了你有什么样的客户。

- 推广是空军，它要解决让客户知道产品的问题。有了产品和定价，接下来要解决让客户知道的问题。比如，如果你们家的过桥米线非常鲜，那么你如何能够让客户知道这里有世界第一鲜的过桥米线呢？这就是推广需要解决的问题，即通过广告宣传的方式，与目标客户沟通产品价值，并激发客户的购买欲望。

- 渠道是陆军，它要解决让客户买到产品的问题。如果客户看到你的产品广告动心了，那么接下来，客户要去哪里购买呢？所以，你还必须建设渠道：企业可以通过自己培养的子弟兵拓展直营渠道，也可以通过经销商、代理商、加盟商建立分销渠道。总而言之，你必须让客户动心以后，马上能够买到你的产品。请注意，即便是互联网，本质上也并没有改变4P的理论框架，它只是将推广和渠道融合在一起。比如，当你在抖音上看到某个产品的广告时，一键就可以将其收入囊中。

按照营销4P的基本框架，不管做什么行业，如果你想做到第一，以上这4件事就是硬实力：你的产品有独一无二的价值吗？你的定价锁定了哪个客户群？你的推广能让客户知道并动心吗？你有多少线上渠道和线下渠道？客户每天消费多少？这个消费量的多少最终决定了你能否成为第一。

虽然这4件事都非常重要，但是，做事情不能眉毛胡子一把抓。物有本末，事有先后。我们必须分清主次和先后顺序，想清楚哪个先做、哪个后做。

要回答这个问题，我们还是要回到收入公式：收入＝价×量。如果对照 4P 来看，其中价取决于产品和定价，而量取决于推广和渠道。前文已经论证：价决定生死，量决定大小。基于此，我们可以推断：产品和定价在前，推广和渠道在后。

接下来，我们再来区分：到底是产品在前还是定价在前呢？一般来说，企业应该优先考虑定价。因为定价决定你的用户群，而用户决定了你的产品。所以，如果我们要从 4P 中找到牛鼻子，那么定价才是真正的王中王。

如此一来，企业家思考 4P 的先后顺序就出来了：从定价开始，再到产品、到渠道、到推广。为什么渠道要排到推广前面呢？因为渠道是直接和用户接触。所以，如果企业要快速撬动增长，那么一定是从定价开始。下面我给大家讲一个现实中的例证。

2021 年年初我们在成都讲课，课堂上来了一位复训的老学员。我看着这位老学员感觉非常眼熟，近半年他好像来复训过好几回，于是我邀请他分享自己的体悟。

这位学员接过话筒，说道："早在 15 年前，我就听过您的'赢利模式'课程。第一次上课时，我的店里只有三个人，每月业绩不到 20 000 元。但是，当时我就拿出 12 800 元来上课。上完课以后，我回去做了两件事：第一件事是改价格……"

我给大家补充一下故事背景。这位学员所从事的行业是儿童摄影。十几年前,这个行业还处于起步阶段,大家普遍不敢定高价。他们的影楼当时定价也不高,价格一共分为4档:99元、199元、299元、399元。如果员工成交一个399元的单子,企业就会额外奖励高端奖。听完这个课程以后,他发现自己定价过低,于是开始全线提价:直接从299元起步,最高提到了6 999元。结果提价第二天,店里就接了一个6 999元的单子。那一单,就把之前10天的业绩完成了。

十几年后的今天,这位学员还在感慨:"这是一件非常简单的事,我就把价格改动了一下。"当然,这个价格也不是乱提的。提价背后意味着他的产品价值能够支撑高定价,否则就是找死。所以,提价的背后一定有连环动作,那就是产品要做差异化创新,在产品上去挖掘影像背后更深的价值。

譬如,市面上传统的儿童摄影套餐,仅仅是简单地给孩子拍几张照片。但是,这家企业的团队开始思考:照片背后究竟给顾客带来了什么?最后,他们找到照片背后的亲情价值。孩子可以联动全家人,包括爸爸妈妈、爷爷奶奶、外公外婆。为了更好地凸显情感价值,他们又把语言、视频等元素全部加入进去。这样一来,产品的价值就出来了。

实际上,在提价之后,员工普遍反馈销售反而更容易了。因为过去他们是靠销售能力强行卖出去,而现在情况发生了大逆转——客户自己看了照片以后，觉得非常感动，他们发现了照片的价值，心甘情愿地掏钱。这位老学员兴奋地告诉我们："过去大家都说影楼是暴利，现在拿到产品以后，客户发自内心地认为这个钱花得值。"

从这位学员的故事中，不知道你得到了什么启示，又是如何理解定价的。实际上，这个故事向我们揭示了定价的本质。

定价是什么？我们可以从三个维度来理解。

定价是战略

就像故事中的这家企业，在其最高价格从399元调整到6 999元以后，企业的战略就变了。因为战略就是标准，一旦标准提高了，他必须回过头去挖掘产品深层次的价值；紧接着，他的产品设计也变了，开始联动孩子的亲人，加入语言、视频等新的元素。

为什么？因为定价就是标准，定价就是资源配置。

定价是高杠杆

如果这家企业想增加收入，那么只有两个途径：要么提高价格，要么提高销量。如果这家企业想要提高销量，那么必须再投入一倍的兵力或者再开一家店。但是，这样做谈何容易？你要复制一家店，意味着你需要复制所有的生产要素，包括店面、店长、员工、所有生产工具、客户资源、管理能力等。所以，量的复制不是立竿见影的，它有一个积累的过程。相反，如果从调整价格入手，收入的增长就一定是立竿见影的。

举个例子：假设一家企业单个商品的利润公式是 10-9=1，如果你想要利润翻番，那么只需要把价格调高 10%。一旦价格提升 10%，利润公式就变成了 11-9=2，利润立马翻了一番。从这个角度看，定价就是高杠杆。反之，如果价格降低 10%，企业的利润就变成了 9-9=0，这会要了你的命。

我们有一次在广州讲课，一位女企业家站起来说："老师，我们公司是做团餐的，这次我带着先生和高管一起来上课，希望能够提升我们的利润……"

"你现在做多大？"

"20 亿元。"

"赚了多少钱？"

"2 000 万元。"

听到这里，我和她开玩笑说："你找对人了！利润翻番非常简单，我教你一招就够了——把定价提升 1%。"

你可以算一笔账：这家企业年收入为 20 亿元，净利润为 2 000 万元，也就是说，其净利润率为 1%。如果其把每个菜的定价提升 1%，那么在销量不变的前提下，利润一定增长 100%。

美国沃顿商学院曾经披露过一组数据：如果飞利浦的电子产品价格上升 1%，利润就上升 28.7%；如果福特汽车价格上升 1%，利润就上升 28%；如果雀巢的产品价格上升 1%，利润就上升 17.5%；如果可口可乐价格上升 1%，利润就上升 6.4%。

这些数据充分证明：定价绝对是提升利润的杠杆。

定价是全局

什么叫定价是全局？我再给大家讲个故事。

有一次，我们在长沙遇到一家做酱料的企业。这家企业的创始人告诉我们，他的目标是要做中国的"酱老大"。这说明这位企业家格局很大。紧接着我们又问他："假设你的一瓶酱料的生产成本是10元，那么你如何定价？"

他告诉我们："18元。"

我们遗憾地告诉他："如果你的定价是18元，那么你非但做不了'酱老大'，还会做成'酱要没'。"为了告诉他错在哪里，我们给他举了一个例子。

假设你在上海买了一件意大利生产的名牌衬衫，这件衬衫售价4 000元。但是，这件衬衫的生产成本是多少钱呢？大约400元。你不要觉得惊讶，这还是因为欧洲人工贵。如果这件衬衫是在中国生产的，那么生产成本可能不到100元。

从100元到4 000元，难道这背后40倍的差价都被意大利品牌商赚走了吗？并不是！如果你打开这个品牌商的财务报表，你就会发现品牌商也只有10%~15%的净利润。那么，中间的差价到底去哪里了？因为这件衣服从生产到送到客户手中，要经过一条长长的产业链：原材料—设计—生产—品牌—全球总代理—亚洲总代理—中国区总代理—华东区总代理—上海总代理—品牌专卖店。每个环节都需要耗费大量的成本，陆军、空军、库存、装修、广告宣传、培训费……其中的每个环节都是要花钱的。所以，最后这件衬衫的定价至少是生产成本的10倍。

中小民营企业为什么没有钱投入兵力呢？定价失误了。大部分人只看到了已经发生的显性成本——生产成本，背后还有非常多的成本被忽略了。比如，融资成本、税金、库存、应收账款、渠道、推广、服务、用户体验……这些全部都是要花钱的。如果你定价过低，你就无法给价值链的其他环节留下空间。

事实上，这个意大利的品牌公司没有获得你想象中的暴利，它只是将这些钱全部投入渠道、推广、用户体验等环节。正因为品牌商把所有环节需要耗费的成本都考虑进来了，所以它能够把整条价值链做得很深，能够把标准拉得很高，能够创造出独一无二的价值，使得经营进入正向循环。当客户在挑选衬衫时，他发现这个品牌的用户价值更高，所以，他最终选择了4 000元的意大利品牌衬衫，而不是国内400元的衬衫。

现在你应该明白当"酱要没"同学定价18元时，接下来会发生什么事情。首先，他不可能有品牌，因为他根本没有钱投入品牌建设；其次，没有人帮他卖，因为他的价格养不起渠道；再次，他甚至连店都开不了，因为他的定价根本覆盖不了开店的成本；最后，他只能自己背着背篓摆地摊。所以，在营销4P中，定价才是真正的要害，它是蛇的七寸，是牛的鼻子。如果你抓不到这个要害，其他环节就都会出错。

遗憾的是，民营企业家中有太多"酱要没"，他们的定价方式决定了企业做不起来。10年前,我们在四川接受过一家媒体的采访,记者问我:"李践,你来做什么?"

我回答:"帮助中小企业做升级。"

记者问我:"怎么升级?能不能举个例子?"

我告诉记者:"在采访的前一天晚上,我在成都的一家小店里吃了一个兔头,这个兔头定价2.5元。显然,这家店根本不可能赚到什么钱。因为这背后除了兔头的成本,还有房租成本、生产成本、服务成本……什么叫升级?如果换成我来做,我就要做高品质的兔头,把兔头定价提高到30元甚至50元。兔头卖那么便宜,都对不起那只为它牺牲的兔子。因此,我们要重新定义它的逻辑,想方设法通过创新把产品价值做起来。我们卖的不是原材料,也不是劳动力,我们卖的是价值创新。"

真正的高手绝不会像"酱要没"一样定价。我们的课堂上曾经来过一家特殊的企业,这家企业是一款"国民级"保健品的代工企业,这款保健品在终端渠道的零售价接近200元,而这款保健品每年为企业贡献的利润超过20亿元。

我们好奇地问这家代工企业的老板:这款售价近200元的保健品的生产成本是多少?他告诉我们原材料成本不到5元。你看,这才是经营高手的定价逻辑。否则,这家保健品企业哪里来的实力重金投入推广?又哪里来的重兵投入渠道呢?

定价的两大致命陷阱

如果进一步分析"酱要没"们的定价逻辑,大家就会发现,中小企业定价最容易落入两个定价陷阱。

陷阱1：定价过低

"酱要没"们的第一个定价失误来自哪里？定价过低。很多民营企业家根本不敢定价，他们没有全局思维，不懂得市场的逻辑。他们也不知道自己的产品的价值有多高，因为他们从来没有调研过行业标杆的溢价程度有多高。

他们通常是基于什么定价？一是基于成本定价。估计案例中那位做酱的企业家还是因为在课堂上，才壮着胆子喊了个高价。在实际经营中，他可能连18元都不敢定。但是，他不知道的是，客户买的不是成本，而是价值。没有一个客户会因为商家成本高就多买，他们只会因为产品的用户价值高才会多买。

二是基于对手定价。问题在于，很多老板眼里的对手太小，也是一些没有受过商业训练的老板。结果，对手和他们犯了一样的错误：盲目定价、定价过低、打价格战……所以，当他们把错误的对手当作参照时，自己也掉进了坑里。说起来惭愧，我自己就犯过类似的错误。

> 1995年，我开始多元化经营，进军房地产行业。众所周知，房地产行业有一个黄金规律：地段至上。所有开发商都紧盯市面上的好地段，我自然也不例外。没过多久，我得到了一个消息：昆明一家国企想卖一块30亩[①]的地，

---

① 1亩≈666.67平方米。——编者注

这块地位于昆明市的焦山桥——这个位置靠近昆明地标性建筑东风广场,紧邻昆明唯一的一条江——盘龙江,地理位置可谓得天独厚。更令我惊喜的是,这块地的价格也不贵,售价每亩200万元。

于是,我们果断以6 000万元的价格买下了这块地,风驰集团的副总裁出任地产公司的总经理,我亲自出任董事长。请注意,这位总经理可不是一般人,他是我同学的父亲,也是一位退休的大校。

紧接着,我们按部就班地开始设计、规划、申报……一系列行政审批之后,风驰集团终于拿到了商品房预售证,准备卖楼花了。卖楼花,就意味着我们要先定价。但是,无论是我还是这位大校,都没有房地产行业的相关经验。

这个价如何来定呢?我们商量后决定,参考竞争对手的定价。

没几天,这位总经理把周边的竞争对手全部研究了个遍,然后向我汇报:"我们附近有一个竞争对手,其商品房软硬件条件都和我们不相上下,定价是每平方米3 000元,并且已经销售一空。"

听完总经理的汇报,我还是有些不放心。于是,我假扮成买房的客户,亲自去竞争对手那里打听,结果发现价格与总经理说的并无二致。就在这时,财务部门的核算数据也出来了,我们房子的成本为每平方米2 300元。如果按照每平方米3 000元的价格出售，预计风驰在这个项目上的利润应该有1亿元。

很快，风驰定价每平方米3 000元的商品房进入市场，销售果然非常火爆。到1998年，所有的商品房都卖完了。到这一年的12月31日，公司召开了房地产部门的表彰大会。在表彰大会上，我兴高采烈地对员工们说："今年大家成绩很好，现在董事会决定拿出利润的10%奖励给大家。利润的10%，也就是将近1 000万元。"讲完这句话，我还吩咐总经理尽快把这笔钱发下去，最好在春节前发完。

未曾料想，几天以后，总经理带着公司的财务总监来找我："这次的房地产项目，公司没有赚钱。"听完这个消息，我的第一反应是哈哈大笑，我以为他们是在和我开玩笑。接下来，我还承诺未来公司会将优质资源都整合到房地产部门，大力发展房地产项目。但是，总经理听完我的话，仍然眉头紧锁。

我这才意识到问题的严重性，他们并不是开玩笑，公司真的没有赚钱。

为什么我们没有赚钱？我百思不得其解。在此之前，我们不是做过分析调研吗？按理说，这个项目应该给公司带来1亿元的盈利。这1亿元怎么突然就没了呢？我首先想到是不是销量出了问题，可是不对啊，我们的商品房早就卖完了。

最后，我又回到利润公式上来思考：利润＝收入−成本。既然不关销量的事,那是不是成本太高了呢?这个时候,董事会开始有人在背后劝我一定要彻查这位总经理,他们断定这位总经理一定贪污了,否则,怎么解释一个上亿元利润的项目,眨眼之间就变成了不赚钱的项目呢?

后来,这位总经理真的被查了,由于觉得委屈,没过多久就离开了风驰。然而,我们经过多方查证,发现他并没有贪污。

真正的问题出在哪里?我们定价太低了,这套房子的真实成本并不是每平方米2 300元,而是每平方米3 000元。在第一次核算成本时,很多成本并没有发生,它们是在后面发生的,所以财务并没有把后面发生的成本算进去。

我们只知道利润=收入-成本,唯独没有想到收入=价×量,这个定价才是真正的牛魔王,定价决定生死。我们定错了价格,最后只能是白忙活一场,还赔了夫人又折兵。

陷阱2:薄利多销

很多中小企业的老板为什么定价低呢?因为他们有一个根深蒂固的错误认知:薄利多销。请认真思考一下:多销到底来自哪里?来自推广和渠道。在你的价格降下来以后,哪里有空间去发展推广和渠道?哪里有空间去优化用户体验?哪里有空间去建设品牌?这些都需要钱,需要高毛利来支撑。

中小民营企业为什么赚不到钱?因为它们没有空军,没有陆军，没有海军。空军是什么？推广，有推广才有品牌。陆军是什么？渠道，有渠道才能服务用户。海军是什么？互联网。你没有这三样东西，企业的未来在哪里？所以，正好相反，如果企业要实现多销，必须有高毛利。没有高毛利，企业根本就养不起海陆空三军。

因此，"薄利多销"真是一个毒性极大的伪真理，我自己也是在交了不少学费后才明白了这句话是错的。事实上，薄利多销就是往自己的脖子上套枷锁，只有厚利适销才能永盛不衰。

现在让我们转换立场，从客户的角度来认识一下价格的真面目。请认真回忆一下自己的购买经历：当你无法判断一个商品的质量好坏时，判断的唯一标准是什么？价格，价格是产品价值最重要的标签。因此，在许多客户心里，高价就等于高质，低价就等于低质。

当你告诉客户这件衬衫很便宜时，他会担心质量不好；当你告诉客户这个馒头很便宜时，他会害怕你的产品不安全。事实也的确如此，因为便宜就有可能偷工减料。在你把五星级酒店的价格降下来以后，周围的人就会来住吗？不会住的人永远不会住。更麻烦的是，原本的客户也不会住了，因为他们会觉得反常，猜测一定是产品有问题，酒店才会降价销售。通常情况下，压低价格只能证明你对自己的产品没有信心。最后真正来的是什么人呢？根本不是你的客户，而是占便宜的人。因此，这个逻辑根本不对。

定价委员会：从个人定价到组织定价

企业如何定价才更科学呢？在创业的路上，这个问题也着实让我苦恼了许久。虽然我一直非常爱学习，无论是中欧商学院还是长江商学院，我都是第一批学员，但多年来，我始终没有把定价的逻辑学到位，这直接导致我在定价上屡犯错误，始终找不到要害在哪里。直到 2003 年到香港出任 TOM 户外传媒集团总裁，一起偶发事件彻底改变了我的认知。

2003 年，我刚出任集团总裁，这个时候我的心态变了，急于立功。作为一家上市公司，集团需要利润来支撑股价。因此，我每时每刻都在思考：怎么才能快速提高业绩？在这种状态下，人的动作也变形了，对那些能够快速拉升业绩的"捷径"非常敏感。

有一天，营销副总裁告诉我："集团下属 17 家子公司，其中有 3 家子公司的总经理要求降价。"

我问他："为什么？"

他说："他们发现竞争对手一旦降价，收入立马就增长了。"

这句话一下子就点燃了我。我急忙追问道："真的吗？增长了多少？"

他回答："增长了好多。我们很多大客户都流失了。"

我问："那他们要降多少呢？"

他答："15%。"

我反问道："为什么不是30%？我们可以让17家子公司全面降价30%！"

为了快速落实降价政策，我还要求营销副总裁将所有子公司的总经理集中到香港来，我要亲自培训他们统一降价。今天回过头看，这个动作无异于带领全公司上下集体跳楼。但人性就是如此，一旦急于求成，思维和动作就会变形。

几天后，我去参加集团会议。会议结束以后，我准备收拾东西离开，无意间对董事长说了一句："董事长，我们准备全面降价。"

董事长坐在我对面，杵着腮帮子问："降多少？"

我回答："降15%。"我原本打算降30%，但不知为什么，话到嘴边打了个五折。

董事长拿过手边的计算器，噼里啪啦一通按，按完以后把计算器递给我说："如果降价15%，我们就会亏损1.5亿元。"

说实话，听到这句话，我的第一反应是董事长肯定算错了，怎么会亏损1.5亿元呢？我心里盘算着："薄利可以多销。一旦打折，大客户的订单就来了，收入只会增加，怎么可能亏损呢？"想到这里，我十分懊悔自己"嘴欠"，过早地把降价的消息透露给董事长，要是直接给董事长"惊喜"该多好……

董事长应该是从我的眼神中读到了什么，他认真地对我说:"你带着手底下的几个副总去和记黄埔一趟。和记黄埔在这个问题上比较专业。"说这句话的时候,他还非常郑重地把每个副总的名字给点了一遍,这是第一次董事长如此郑重其事地点名。

两天后,我接到董事长秘书的电话,便带着高管团队去了和记黄埔。这次和记黄埔之行,让我终生难忘。我们一行人来到了位于香港维多利亚港湾的和记黄埔大楼。在这幢大楼的12层,我从接待的秘书手中拿到一张门票,上面写着5个字:定价委员会。这是我第一次听说还有这样一个委员会,看到这么正式的称谓,我还忍不住调侃了一番。因为那个时候我还没有读懂这个词的分量。

我进入会议室后,等待开讲。主讲人相当神秘,仿佛生怕被人偷听似的,特意跑到门口往外望一望,然后关门开讲。接下来的一番话,让我悔不当初:自己要是早来听,就不会白白浪费了那么多年的时间。

原来,这个世界上真的有定价委员会这种组织。李嘉诚能够成为华人首富,在定价上靠的就是定价委员会。与老板们一拍脑门就"定"价不同,李嘉诚团队靠的是组织定价,这个定价委员会一共有17个人,由总裁、高管和各部门核心专业人才组成。

为什么要从个人定价到组织定价呢?因为定价太重要了。定价是战略,定价是标准,定价是资源配置。这是一件非常慎重的事情，不能靠个人盲目定价，而是需要总裁、副总裁以及核心高管，甚至一线员工，从上到下反复斟酌、仔细研究，权衡上下各种不一样的声音，最后完成集体决策。

反观中小民营企业，定价通常是老板拍脑袋、凭感觉定价，最多再参考成本和对手定价。而大企业之所以能够做大，正是因为它们把很多关键决策上升到委员会，甚至上升到一个集体来决策。比如，如果集团的产品要降价，那么一定要通过组织来降价——定价委员会的 17 个成员全部到齐，充分讨论降价的必要性。

因此，要做好定价这件事情，企业首先要成立定价委员会，从老板个人定价升级为组织定价。定价委员会需要总裁、副总裁和财务、营销、研发、设计等部门的核心高管全部参加。因为定价是一个集思广益的过程，从战略开始，到创新、到产品、到品牌……全部都要考虑进来，这是组织定价的本质。

战略定价法：卡位与占位

在企业从个人定价转向组织定价后，新问题又出现了：组织基于什么逻辑来定价呢？实际上，定价的秘籍只有两个关键词：卡位与占位。

什么叫卡位？我给大家分享一家企业的案例。

几年前，我们与深圳合力泰公司的董事长有过一次交流。早在十几年前，这位董事长就已经听过我们的课程，据他自己说，那次学习经历让他领悟到自己的企业必须走成本领先战略这条路，后来他用这套理论将合力泰公司做到了今天上百亿元的规模。

那一次，这位董事长又带着手下60多位高管来上课。课前，他提出希望得到我的专门辅导。我问他："你想要听什么呢？"

董事长说："老师，您再给我们讲讲定价吧！我想让高管都能理解得再清楚一些。"那个晚上，我为合力泰公司的全体高管讲了一遍如何卡位与占位。实际上，我那晚对合力泰公司管理层所讲的，就是自己当年在和记黄埔大楼12层会议室听到的定价"真经"。

和记黄埔是如何做的呢？其首先用到一个工具——"成本价值表"（见图8-1）。

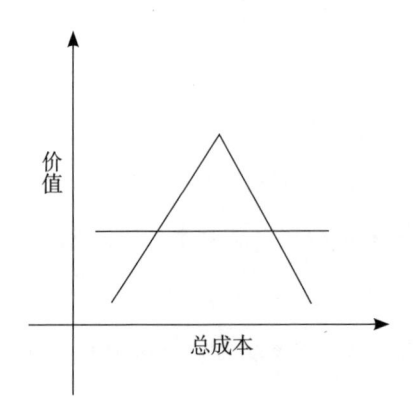

图8-1 成本价值表

这个表的横轴是总成本，纵轴是价值。实际上，定价必须建立在对成本和价值的准确度量之上。如前所述，成本是很难计算的。除了各种显性成本，还有不少隐性成本，甚至还有机会成本、沉没成本。正因如此，和记黄埔除了有定价委员会，还在财务部门设立成本会计专岗，专门锁定成本进行一一分析。在对成本和价值了如指掌以后，其再根据自身的战略路径来选取卡位还是占位。

面对合力泰公司的高管团队，我们之间发生了以下对话：

"你们现在做什么产品？定价多少？"

"我们现在做显示屏，定价3元。"

"好，那么竞争对手呢？"

"差不多，竞争对手的定价在3.1元左右。"

"你们现在一个产品的总成本是多少？"

"2.5元。"

"2.5元的成本，3元的定价，也就是0.5元的利润。那对手的总成本呢？"

"应该在2.7元左右。"

听到这里，答案就清晰了。我告诉这位董事长："像这种情况，你们是无法卡位的。对手总成本可以做到2.7元，哪怕是定价3.1元，也有0.4元的利润，与你们不相上下。"

"那我们该怎么做？"董事长急忙问道。

我回答："你们现在必须继续走成本领先战略道路，把干毛巾拧出水来。你们要下定决心，从原材料采购成本到生产成本、从流程管控到后续服务，哪怕逼疯自己，也要把总成本降下来。"

"降到多少？"董事长非常关心。

我回答得很干脆："降到全行业第一低，越低越好。"其实，到了这里，我已经开始在讲如何卡位了。

假设合力泰公司能够将成本降到1.8元，接下来就可以卡位了，把价格定在1.99元。在这种情况下，竞争对手的成本却是2.7元。也就是说，合力泰公司的定价必须做到比对手的成本还要低。这样一来，竞争对手根本无法招架。因为如果它接招，将自己的价格也定在1.99元，企业的利润公式就瞬间变成1.99−2.7=−0.71元。

这个时候，合力泰公司就会把对手逼入进退两难的境地：接招，亏得很惨；不接招，客户会被合力泰公司的价格优势大量吸走，输得更惨。一旦对手熬不住合力泰公司的卡位战，合力泰公司就可以慢慢等待时机去收割"韭菜"了。

细心的读者应该已经发现了：卡位是与成本领先战略配套使用的。正是从这个意义上，我们才说定价就是战略，定价就是要把自己逼疯，将对手一击致命，这就是卡位的巨大威力。

那么，什么是占位呢？占位其实是定价的另一端：你的成本要高于竞争对手的定价。这意味着你必须选择价值创新战略。我们来看一个非常典型的占位案例——钟薛高。

请问，一支雪糕能卖多少钱呢？像蒙牛、伊利这样的大众品牌雪糕，定价在2~5元。即便是定位高端的梦龙雪糕，单支价格也不过10元。但是，你知道钟薛高的定价是多少吗？钟薛高的雪糕最高定价66元，即便是最便宜的雪糕，定价也超过了20元。

正是这66元的天价雪糕，令钟薛高在2018年"双11"一战成名，成功"出圈"。甚至可以说，正是得益于高价定位，钟薛高才真正流行起来。

你可能会好奇，这么贵的雪糕消费者会买账吗？事实证明，单价高达66元的"厄瓜多尔粉钻"雪糕竟然在15个小时内卖出了2万支。那么，是什么支撑了高定价，还让消费者心甘情愿地买单呢？这靠的正是钟薛高的价值创新战略——从外到内全部做了差异化创新。

首先，从外形上看，钟薛高的"瓦片雪糕"以中国建筑的瓦片作为设计原型，完全区别于传统雪糕，非常具有辨识度。

其次，在雪糕的原材料上，钟薛高更是不惜下血本。以定价66元的"厄瓜多尔粉钻"雪糕为例：其主要原料粉色可可豆的产量稀少，在整个南美洲和非洲的可可丛林里，几万棵树里才有一棵能长出粉色可可豆；其原料中的柠檬柚产自日本高知县，这种柚子树20年才能长成，产量还特别少；就连雪糕棒，也是由达到国家食用级标准的可降解的全纯秸秆制成的，其成本是普通雪糕棒的10~30倍；甚至其雪糕托盒的材质也是婴儿食品级……

最后,从制作理念上看,钟薛高颠覆了雪糕是垃圾食品的理念,其核心产品真正实现了零添加,没有香精、色素、防腐剂,更不含乳化剂、稳定剂、明胶等化学物质。

一番创新下来,虽然其雪糕的定价是一支66元,但是其成本就接近一支30元。所以,即便钟薛高定价远高于竞争对手,其产品也受到了客户的热烈追捧。数据可以证明这一点:2020年"618"电商日,刚开场3分钟,钟薛高的销售额就超过去年全天,当日更是卖出60万支雪糕。

与卡位一样,占位也是要与价值创新战略配套使用的。如果你是钟薛高的竞争对手,那么现在你会发现:钟薛高的成本都远远高于你的定价,所以在客户心目中,钟薛高与其他雪糕品牌完全不同。

如果你要选择占位——抢占价格高位,那么就必须匹配价值创新战略,你的逻辑很清晰,就是要用更高的资源配置打败对手。因此,你要在产品和服务的品质上做到极致:最好的原料、最好的服务、最好的体验……毋庸置疑,你的成本投入会被迅速拉高,最好是远超竞争对手的定价。此时,你就在定价上与竞争对手拉开了距离。但是,高定价的背后一定是超高的产品品质和服务品质、市场第一的客户价值,你必须让客户感受到贵有贵的道理,让客户觉得物有所值,这样才会真正得到客户的认可。

这时，对手面对你的占位定价，敢提高价格吗？答案是否定的，因为你的成本都比他们的定价高。他们一旦提高定价，立即就会损失一大批客户。客户的眼睛是雪亮的，他们不会花高价去消费低价值的产品，高品质产品从来都需要大量成本投入。反过来，他们敢降价吗？也不敢！因为打价格战会让他们陷入更严重的亏损。最终对手左右为难，涨价涨不起来，降价也不敢降，只能苟延残喘甚至直接出局。

我们最后总结一下，战略定价法的逻辑要基于4点（见图8-2）。

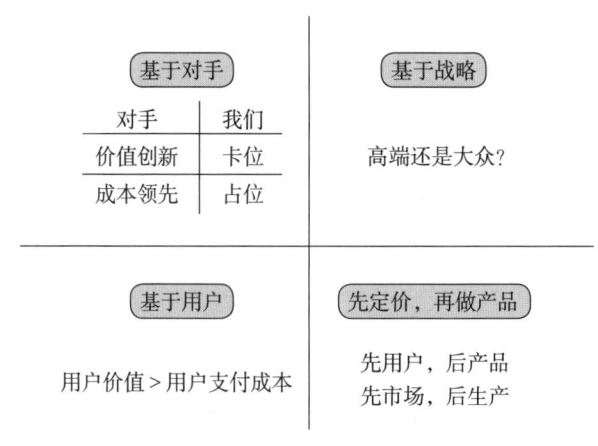

基于对手	基于战略
对手　　|　我们 价值创新　|　卡位 成本领先　|　占位	高端还是大众？
基于用户	先定价，再做产品
用户价值＞用户支付成本	先用户，后产品 先市场，后生产

8-2　战略定价模型

- 基于战略。战略是标准，如果你要做世界上最好的服装品牌，那么你的定价就必须高；相反，如果你想做类似优衣库的大众化品牌，那么你的定价就要尽可能低。所以，你首先要把战略想清楚，否则你就不知道该往哪个方向定价。

- 基于对手。请注意这里的基于对手不等于跟随对手定价，而是要与对手错位竞争。当对手选择价值创新战略时，你要卡位定价；当对手选择成本领先战略时，你要反过来占位定价。

- 基于用户。用户随时随地都在衡量付出的价格与得到的价值。用户选择购买你的产品，归根结底是因为你创造的用户价值大于用户付出的成本。因此，定价的前提是要基于用户价值来创新，你必须创造不可替代的价值，如工艺、技术等，无论如何，你都要体现出不一样的用户价值。如果你再做一个和对手一样的东西，那么用户的使用体验没有变化，大概率不会买单。

- 先定价，再做产品。这句话非常经典。先定价意味着先考虑用户与市场，而不是先做产品。否则，企业一旦做了产品，再来定价就来不及了。所以，定价一定要前置。事实上，在你的商业模式设计出来以后，用户价值就设计出来了。这时，你还不能开工，而是要先把价格想清楚。否则，你的产品就没有针对性，就容易滞销。企业定价一定要以用户价值为导向，找到市场空缺的价值区间，然后再来做产品。

经营企业30多年，我们从顶尖高手身上看到：大部分高手定价都是取高不取低。为什么？因为取高的背后意味着你的标准上去了，这会倒逼你的资源配置往上走。需要澄清的是，提高定价并不是为了增加利润。实际上，利润是卡死的，可能就只有20%，剩下的利润空间要全部用于海陆空的建设、用户服务、研发、设计、品牌等，最后，你要把这些利润全部用到市场和用户身上。

现在我们再回到之前的降价案例。参观过和记黄埔的定价委员会后，我们回到公司马上学习、反省、改进。原本我打算召集所有子公司总经理培训降价的，现在意识到自己的失误了。面对竞争对手降价抢客户，公司非但不能降价，反而要涨价。接下来，公司产品开始全线调价。

怎么调价呢？第一，开发新产品；第二，改良老产品。当然，这次开发新产品的标准非常高，对广告牌进行创新，结果推出新产品以后，几乎所有客户都放弃了老产品，转而购买新产品。比如，当时公司为奥迪汽车、雅戈尔衬衫、泻立停等多家企业都做了广告牌的创新设计，深得客户的一致好评。这支撑了我上任之后的利润翻番。

数月前，我在上海虹桥机场候机，看到《第一财经》栏目在采访一个人，这个人是一家上市公司的董事长，这家上市公司叫圣农。这位董事长告诉记者：我们一生只做一件事情，并且要把这件事情做到极致……最后，我在听到其财务数据时，吓了一大跳。这家上市公司业务非常单一，专注于养鸡，而且只养白羽鸡。但是，其年收入是140亿元。更吓人的是后面的数字：税后利润40亿元。

听到这位董事长所使用的语言，我仿佛有一种似曾相识的感觉，内心不禁冒出一个念头：他会不会是我们的学员？所以，我立刻向集团销售管理中心负责人求证。果不其然，这位董事长就是我们"赢利模式"第 59 期的学员。也就是说，这位董事长十几年前就"潜伏"在我们的课程里，并且把这套定价方法用在企业经营上。经过十多年的聚焦深耕，圣农今天已经成长为一家年营收百亿元的企业。

我们还服务过一家企业是湖南的口味王，这家企业的董事长在 15 年前上过我们的课并持续复训，他的团队也一直来上课。当年这位董事长第一次来上课时，整个槟榔行业的价格战正打得一塌糊涂，每包槟榔的价格降到 2 元，这导致行业越做越乱。上完课后，这位董事长转换思路——走价值创新路线，从原料采购、生产流程、品质把控、精准定位市场，到重新定价，一切为了给消费者提供最好的槟榔，最好的服务。经过 10 年的努力，这家企业成为百亿级的行业龙头。2020 年 6 月，我们还为这家企业做了 400 多人的"浓缩 EMBA"专场。2020 年 11 月，我们在长沙讲课时，这家企业的董事长专门来找我们，并给我们带来了这家企业 100 元一包的最新主打产品，董事长说这在市场上抢手得很。目前，在湖南这一产品的高端市场中，口味王的市场份额占据了七成。

讲这两个例子，我想说明什么？当企业的战略清晰、用户价值明确时，你的定价最终就决定了你的产品创新，决定了你的标准和品质。你要有世界级定价，就要做世界级产品。从这些学员的案例中，我们也看到了定价定天下的逻辑。在经典的营销4P中，定价绝对是当之无愧的王中王。

10倍级增长公式

理解了定价定天下的逻辑，我们再回到原点：营销的增长公式来自哪里？假设过去的利润公式是10-8=2，现在想要增长10倍，利润公式就要变成100-80=20。其中，收入由价和量组成，这是两个问题，必须一事一议。

企业要先解决定价的问题，定价必须通过产品创新和差异化拉开距离。因为定价关系到企业的兵力、粮草和弹药。如果没有高定价，企业就没有弹药去发展海陆空三军。然而，价并不直接解决做大的问题，企业真正做大靠的是量。

量来自哪里？来自海陆空三军。空军通过广告宣传进行地毯式轰炸，让客户知道品牌；更重要的是陆军渠道，在地面上实现饱和式攻击才能真正支撑量的来源。如果你要10倍的量，你就必须增加10倍的陆军。比如，过去你只有100个销售人员，现在你要扩充到1 000个销售人员；过去你有10家子公司，现在要增加到100家子公司。企业要想有10倍级的量，就必须投入10倍级的兵力，这就是量的积累。如果你不去推动陆军进行饱和式攻击，那么你永远都做不大。所以，即便像阿里巴巴、美团这样的互联网企业，也有极其强大的地推部队。

除此之外，在今天互联网时代的新环境中，企业还必须大力发展海军部队。海军指的是互联网、手机移动端，如抖音、小程序、各种第三方平台等。当然，这并不意味着所有线上渠道企业都要做，而是按照自身的业态和用户群，做圈子、引流、运营私域流量等。

最终，企业的10倍级增长来自哪里？来自陆军增加10倍、海军增加5倍、空军增加5倍。也就是说，企业的增长来源于兵力和火力。一家企业之所以没有增长，是因为没有实力招兵买马，扩建军队。

在服务中小民营企业的过程中，我们发现一个奇观的现象：很多企业明明产品很好，但就是三十年如一日，始终做不大。问题的根源在哪里？就是兵力投入不足。一方面，中小民营企业的推广太弱，既没有在各种推广渠道发声，也不做活动、不做促销，所以客户根本听不到它们的声音，不知道它们的存在；另一方面，中小企业的渠道很少，一家企业只有几条枪，最多几十条枪，这几十条枪勉强能打下一个小的区域市场，但是打下省会市场甚至全国市场根本不可能。

20世纪90年代，风驰传媒被卖给TOM户外传媒集团以后，很多广告公司纷纷来我们公司参观。很多人非常好奇，为什么被收购的偏偏是一家地处云南边陲的广告公司呢？

一次，一些广东的企业家来参观取经，我全程陪同。参观结束以后，大家纷纷来到会议室交流。其中一位企业家站起来说："咱们今天看到的这家公司，它根本不是一家广告公司，而是一家销售公司。你看，大部分广告公司都没几个人。"紧接着，他指了指同行的人说："你们数数，咱们所有公司的人数加起来，还不及他们公司员工的一半。所以，这个仗怎么打呢？"

为什么这位企业家会发出如此感慨呢？因为当时风驰传媒一共有400多人，坐满了2 000多平方米的办公区，其中大部分是一线营销人员，陆军和空军纵横交错。

过去我们在广告行业时，发现所有国际一线品牌进入一个新市场，基本上都遵循同一个套路：先是空军发力——电视、报纸、户外广告等全媒体地毯式轰炸，紧接着，陆军出动——地面部队进来了，对各个渠道进行饱和式攻击。基本上逻辑都是一样的：双管齐下，火力开道，兵力推动。

当时我们就在思考：凭什么这些企业有那么多钱去做这些事呢？后来我们才想明白，定价定天下。这些企业的管理者首先在定价上就把空间给卡住了，他们明白企业要做大，必须花钱做推广，花钱建渠道，花钱做服务。而这一切的前提条件是定价上必须留有空间。因为一旦定价失误了，后面就没有兵力、没有弹药、没有粮草了，最后海陆空三军就建不起来了。

因此，所有世界级企业不是靠某一招成功的，而是靠兵力成功的。如果你读过《孙子兵法》，就会发现孙子所推崇的兵力原则根本不是以少胜多，而是以多胜少。要想有绝对的胜算，就必须以数倍于竞争对手的兵力，形成压倒性优势。真正的增长之道是靠兵力拉动，要想获得10倍级的增长，就必须投入10倍级的兵力。所以，《孙子兵法》里才强调："十则围之，五则攻之，倍则分之，敌则能战，少则能守，不若则能避之。"兵力就是市场的火力。最后你要增长多少，完全取决于企业的陆军体系、空军体系和海军体系。

然而，海陆空三军的所有兵力最后都要靠什么来支撑？还是要回到定价这个王中王上，因为只有高毛利才能支撑企业去发展海陆空三军，这就是为什么企业要把定价作为营销4P的牛鼻子。而前端的定价又来自哪里？来自产品创新和差异化。所以，当增长回到原点时，我们没有捷径可走，只能靠日积月累，靠头拱地死磕，靠日日功。这才是商业的逻辑。

第九章

财务管理：
科学决策的"魔镜"

威尼斯商人的魔咒：做大必死

提到财务管理，许多企业家和管理者都会产生一种天然的情绪：烦！为什么会烦呢？一是因为他们本身是财务上的"聋哑瞎"，根本听不懂、看不懂这些数据，不明白财务到底是什么，对于经营有什么用处。二是企业的经营结果让他们百思不得其解：企业收入明明增长了，为什么到了年底却没有利润？为什么企业账面上利润很高，手里却没有钱？钱到底去哪里了？这一切的根源在于，我们没有正确地理解财务的本质。

财务是什么？财务是经营的结果。一切皆因果，过去企业家所做的每一个经营管理决策都是因，最终的果会反映在财务上。换句话说，前面8章，即战略、价值、产品、团队、客户、预算、绩效、营销，所涉及的所有模块的相关决策都是因，而财务就是最终的果。从这个角度看，财务其实是一面面魔镜。通过照镜子，我们就可以知道过去的决策失误在哪里，下一步应该如何调整决策方向。

遗憾的是，今天大多数企业家和管理者并不把财务当一回事。他们粗浅地以为，财务就是为了应付工商局和税务局。他们并没有认识到：如果企业能够利用好这些魔镜，财务就会成为经营管理中非常具有杀伤力的武器。

这些镜子到底从何而来？我曾经听一位德高望重的前辈讲过一个故事。

这个故事可以追溯到500多年前，欧洲有一个繁华的贸易城市——威尼斯，这是一个著名的水上城市。那个年代还没有出现火车、飞机等现代运输工具，当时最主流的交通方式是船运。因此，威尼斯凭借得天独厚的海上交通优势，将东方的货物运到西方，又把西方的货物运到东方，很快成为全世界的经济中心。

正因如此，威尼斯吸引了一大批全世界的顶级商人来此做生意，这些商人也确实从中淘到了金。但是渐渐地，威尼斯商人发现了一个挥之不去的魔咒：企业做大必死。也就是说，当生意还比较小的时候，企业不会出现什么问题，但是，一旦生意做大了，企业就很容易死于现金流断裂。数百年前，许多顶级富商都死于这一魔咒，这就像一把利刃，悬在威尼斯商人的头上。

一直到500多年前，有一位威尼斯商人凭借着自己的勤劳和智慧做大了，他越来越接近首富的位子。企业做得越大，他越感觉到魔咒正在靠近自己。事实上，他的资金链似乎真的出现了一些问题、库存也非常多……这一切让他非常恐慌，他甚至害怕得晚上都睡不着觉。但是，这位聪明的威尼斯商人不愿意坐以待毙。于是，他做了一个非常重要的决定：与其每日惴惴不安，不如想办法去解决它，破解这个魔咒。

如何破解这个魔咒呢？他找到了一位欧洲顶级的数学家，请这位数学家帮他研究商业模型，即通过数学的算法寻找商业的规律。这位数学家应邀来到了他的家里，顺着生意的来龙去脉，最终做出了一套模型，这就是今天我们耳熟能详的两大报表：利润表和资产负债表。

那么，这两张表有什么价值呢？它们帮助这位威尼斯商人看清楚了生意的地雷在哪里，地雷是什么时候埋进去的，以及如何把这个地雷拆掉。得益于这位数学家，威尼斯商人果然破解了做大必死的魔咒，坐稳了首富的位子。

后来，这两张表就像武林秘籍一样慢慢流传开来，最后传遍了整个欧洲。随着英国经济的崛起，英国人最终也发现了这两张表的价值。于是，英国人将其立法，英国会计法形成。再后来，这套模型传到了美国甚至全世界，成为全世界通用的会计准则。所以，这套模型并不是起源于政府部门，而是真正的商人为了保命而研究出来的一套管理模型。

说实话，我们曾经通过多个途径考证这个故事的真实性，但是，由于年代久远，我们始终无法找到确切的资料。最终可以确定的是，近代会计学的奠基者确实是一位数学家，这位数学家叫卢卡·帕乔利。在他的著作《数学大全》中，有一部分是介绍复式簿记的。据说，这位数学家曾经为一位威尼斯富商的两个儿子做过家庭教师，而这种会计方法正是从这位富商的经营方法中提炼出来的一套算法。

事实上，作为经营者，我并不关心这个故事是否带有演绎的成分，因为我从中看到了真实的一面。你不必笑话数百年前那些做大就死的威尼斯商人，这种情形在今天仍然俯拾皆是。在30多年的经商生涯中，我们确实看到了不少民营企业家就像故事中的"威尼斯商人"，他们凭借自己的勤奋，好不容易挖到"第一桶金"，但由于不懂得财务管理的价值，企业一旦做大，他们就面临各种问题，最后甚至把自己逼上绝路。

一个典型的案例就发生在我的发小身上。在20世纪90年代，我的发小在商场叱咤风云，一度将企业做到了年营收几亿元的规模。他所创立的雪糕品牌一路从昆明打到了上海，在那个年代妇孺皆知。然而，最后他的企业却倒在快速扩张的途中，死于现金流断裂。在债务的重压之下，他借遍了身边所有亲朋好友的钱，最后无力偿还，无奈只得人间蒸发数十年，连父母子女都无暇照顾。这个悲剧发生在20多年前。20多年来，我每月从自己的工资中支取1万元寄给他的父母。实际上，我自己也是这一事件的受害者。我眼看它起高楼，眼看它楼塌了，更是目睹了这种极端状况下人性的扭曲和无奈。

到底是什么造成了这种悲剧？企业家对财务的无知。

财务的本质是什么？它是一套游戏规则，是衡量企业大小、好坏的一套标准。就像你踢足球必须了解足球的规则，打麻将必须了解麻将的游戏规则,企业经营也是一样,你必须了解企业经营的游戏规则。在当今的商业体系里面,除了财务人员外,极少有岗位是需要持证上岗的,因为财务的背后是一套规则。这套规则就是一面镜子,帮助我们诊断企业是否健康、决策是否正确。

遗憾的是,今天太多中小企业的老板没有利用好这套规则。经营企业30余年,我从未见过任何一个不懂财务规则的人能持续地把企业做好。打个不恰当的比方,一个不懂财务规则的人就像一位上场就抱着足球开始跑的运动员,完全违反了规则却不自知。所以,今天很多中小民营企业面临的现实情况是,从董事长到总裁,再到其他高管,基本上都是财务上的"聋哑瞎"。问题就出在这里,他们不知道这套规则,也不懂得如何来照镜子。所以,他们即便拿到了一手好牌,也会打成烂牌。

老板的利润表与用户的利润表

接下来,我们不妨将这套规则抽丝剥茧,看看其最核心的理论是什么。实际上,它就是今天企业常用的三大财务报表。这三大报表就是三面魔镜。那么,如何解读这三面魔镜呢?下文我们一一来解析。

我们先来解析第一面魔镜——利润表。利润表的逻辑看起来非常简单,用一个数学公式足以表达:收入-成本=利润。但是,难的不是这个公式本身,而是很多老板和管理者对于收入和成本的概念理解有误。

我举一个生活中的例子。有一天我妈妈出门去买菜，途中看见一家美发店打出了"洗剪吹10元"的广告。妈妈正需要剪头发，于是她走进了这家美发店。但妈妈不知道的是，洗剪吹10元只是一个吸引她进店消费的钩子，接下来，这家美发店成功卖给她一张3 000元的储值卡。

这个时候，有趣的事情就发生了。从老板和用户的视角出发，我们得到了两张不同的利润表。

我们先来看这家美发店是如何做账的。老板认为自己有3 000元的现金收入。给我妈妈洗剪吹的成本，包括材料费、人工服务费和房租费用，大概是10元。所以，在美发店老板眼里，这笔生意的利润是3 000-10=2 990元。这相当于一笔生意就赚了2 990元的利润。所以，老板会拼命鼓励员工多卖卡，到了年终一结算，手中多余的现金全部给股东分红了。

我们再来看我妈妈的账本。虽然妈妈没有学过财务，但她一回到家里，立马拿出了一个小本子记账：3 000-10=2 990元。她十分清楚：今天剪头发只花了10元，剩下的2 990元是她存在美发店里的钱。也就是说，从用户的角度看，美发店这笔生意的收入不是3 000元，而是10元。妈妈认为自己只是把卡里剩下的2 990元存在了美发店，她并没有花掉。如果我回到家告诉妈妈，这是美发店的套路，那么妈妈甚至可能会马上折回美发店，要求美发店老板退款。

这才是用户的思维。因此，从严格意义上来讲，这剩下的2 990元并不是收入，而是负债——这是美发店老板欠用户的钱。用财务的专业术语来描述,如果企业将用户的预付款作为收入,这种财务管理逻辑就叫"收付实现制"。但是,全世界的会计准则都是"权责发生制"。只有当用户消费了你的产品时,你才能确认收入。用户没有进行后续消费,便已经把钱交给你了,这是一种高度信任。但是,一旦你把用户的钱全部算成了收入项,而且还拿来分红,这就违反了财务的游戏规则。

更要命的是,这位美发店老板不仅算错了收入,还算错了成本。在他眼里,成本只有材料成本、人工成本以及房租成本。其实,这只是看得见的成本,而不是总成本。

什么是总成本?这家美发店从租房装修开始,到后续的机器折旧、社保、员工培训、广告引流、管理、财务、税务……所有项目加起来的总成本,最后全部都要摊销到我妈妈这一单上。如果这家美发店装修豪华、运营规范,那么我妈妈这一单的总成本可能会超过50元。

如此一来,这家企业真正的利润就出来了:10-50=-40元。也就是说,我妈妈的这一单,老板不仅没有赚钱,反而亏损了40元。但是,按照此前美发店老板的算法,他以为这一单的利润是2 990元。实际上,这个利润是假的。之所以美发店老板没有发现亏损,是因为预收的现金掩盖了这个问题。一旦后续买卡的客户越来越少,要求兑现产品和服务的客户越来越多,企业就会入不敷出。到那个时候,这家美发店的现金流就会断裂。这就是许多做预收卡模式的企业跑路或暴雷的根源所在。事实上，预收卡模式本来无可厚非，这恰恰说明它能够让客户产生信任。但是，这家门店核算利润的方式为自己埋下了地雷。

经常有企业家说，他们的企业没有什么成本，也就是人工、房租、水电。这恰恰说明他们严重低估了企业的成本。我们曾经算过一笔账：即便是一家路边的过桥米线店，至少也有100项成本。你打开冰箱，你看到的冰箱里面所有的东西都是成本，甚至连冰箱本身都是成本，再看灶台上的米、油、盐、酱、醋……目光所及之处全部都是成本。所以，企业每分每秒都在花钱，每一张纸、每一缕灯光、每一寸土地、每一张地毯、每一根线……全部都是钱，而且钱的背后还有连环反应：可能冰箱背后有贷款，贷款背后有利息，利息背后有资金成本等。就像一家五星级酒店，真正的大成本不是客户入住所耗费的材料成本、服务成本、装修成本，而是后台的管理成本、土地建筑的折旧成本、建造酒店的融资成本等。

从严格意义上来讲，成本可以分为两大类：一是直接成本，包括料（原材料）、工（人工）、机（机器设备）、费（费用摊销，包括生产费用、运输费用等）、税（税收）；二是间接成本，包括管（管理费用）、销（销售费用）、研（研发费用）、财（财务费用）。一家企业未来真正的竞争力，其实取决于后面这4项费用的投入。

每一项费用都包括数十项成本。比如，以管理费用为例，我们曾经在企业中做过统计，成本在50项以上，不仅仅包括管理人员的工资，还有管理人员的餐饮、学习、差旅、奖金、福利等。其中最大的管理费用是什么？折旧。所有在 2 000 元以上的资产全部都要被折旧。

我们算清楚收入和成本以后，接下来按照利润表的逻辑，收入减去直接成本等于毛利，毛利再减去 4 项费用等于税前利润。税前利润再减去所得税，就是净利润。这就是第一面魔镜的逻辑，它反映出企业在一个经营周期内的经营结果。

如果经营结果不好，那么背后的因在哪里呢？你可以想想，你的战略清晰吗？差异化价值做到位了吗？你的产品有没有聚焦？你的组织发展怎么样？你的客户选对了吗？……如果没有做好前面这些事情，最后你的产品不可能有竞争力。产品没有竞争力，你的东西卖不出去，收入就上不去。如果你的战略不清晰，企业多元化发展，你的成本就非常高，最后你的企业就会出现亏损。

"排雷"攻略：寻找隐藏的地雷

在看利润表的基础上，我们还要进一步通过第二面魔镜——资产负债表，找到企业内部隐藏的地雷。

资产负债表是一张平衡的报表，它的基本逻辑是总资产＝负债＋股东权益（见图 9-1）。下文就用一个虚拟的故事，将资产负债表的因果逻辑串联起来。

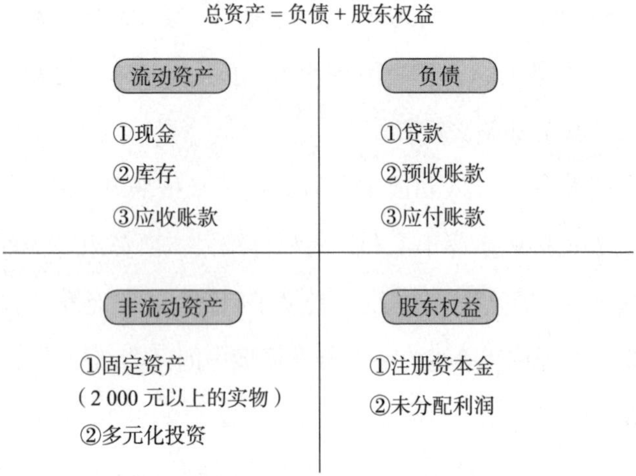

总资产＝负债＋股东权益

```
         流动资产              负债
       ①现金                ①贷款
       ②库存                ②预收账款
       ③应收账款             ③应付账款
       ─────────────────────────────
         非流动资产            股东权益
       ①固定资产             ①注册资本金
       （2 000元以上的实物）   ②未分配利润
       ②多元化投资
```

图9-1　资产负债表的基本逻辑

假设你在上海开了一家过桥米线店,首先你要去工商局申请营业执照。作为股东,你缴纳了10万元的注册资本金。但是,由于你们公司的战略是要做世界级的过桥米线,这10万元的注册资本金显然无法支撑战略,所以你需要融资。

如何融资呢?你想出来的第一个办法是找银行贷款。即便银行愿意放贷给你,你也不能贷太多,因为贷款的利息成本很高,它会给企业造成很大的负担。于是,你又想出了第二个办法,像前面案例中的美发店一样,你也发行一张过桥米线卡,通过预收账款向客户融资。此外,你还可以向供应商融资。比如,你在订购原材料时,先支付小部分订金,剩下的尾款三个月以后再付。同样地,员工也是先工作,第二个月再领工资……以上这些都属于应付账款,属于负债的范畴。

现在你通过贷款、预收账款和应付账款这三个动作解决了资金的问题。接下来，你的过桥米线店可以正式开业了。一旦你开门做生意，所有的料、工、机、费、税等成本就产生了。与此同时，企业的收入也进来了。收入进来以后，减去总成本就等于净利润。净利润经过弥补亏损、提取盈余公积等，形成了图 9-1 中右下角的未分配利润。

理清了资产负债表的右边，再来看资产负债表的左边，总资产包括流动资产和非流动资产。其中，流动资产又包括现金、库存和应收账款。

现金包括未用完的注册资本金、未花完的融资以及剩下的现金收入，这些都应该体现在左上角第一栏。如果你的过桥米线没有卖完，那么剩下的米线和原材料都会变成库存。假设某家企业预订了你的过桥米线作为团餐，为了稳住这个大客户，你决定向这家企业赊销，给它半年的账期。这时，虽然你的过桥米线卖掉了，但是你还没有收到钱，这笔没有收到的钱就是应收账款。

值得注意的是，现金、库存和应收账款都可能潜藏着巨大的风险。

我们先来看左上角第一栏的现金，通过它你就能知道这家企业的家底有多雄厚。我们看过很多中小民营企业的报表，发现大多数企业的现金都非常少。当年我在 TOM 户外传媒集团任职时，曾经认真研究过和记黄埔的财务报表，发现这一栏现金常常有几十亿元之巨。为什么？因为现金是一家企业的蓄水池，它代表着企业的抗风险能力。如果企业的蓄水池太小，抗风险能力就会非常弱。

左上角的第二栏是库存，库存包括成品、半成品和原材料。如果企业的成品过多，堆在库房里卖不出去，这就可能成为地雷，因为产品因缺乏差异化而在市场上缺乏竞争力。最后，这些库存会反过来吃掉你的利润。

左上角的第三栏是应收账款。如果你的产品卖出去了，但是钱没收回来，那么这里也可能埋着一个地雷，因为这笔钱可能收不回来了，它变成了"阴间收款"。很多企业的产品缺乏竞争力，不得不赊销，最后导致企业应收账款很高，只是赚了账面利润，实际上钱没收回来，变成坏账，坏账又反过来吃掉了利润。类似的悲剧比比皆是。

看懂了流动资产中隐藏的地雷，接下来我们再看左下角的非流动资产。在经营过程中，你还需要投资固定资产。什么叫固定资产？2 000元以上的实物，包括厂房、生产线、设备、办公家具等。固定资产投入过大，这也是一个地雷，因为固定资产不仅仅会吃掉企业的现金流，而且折旧也会增加企业的成本。

在左下角，除了固定资产外，还有一个叫多元化投资的地雷。很多老板做企业是机会导向，根本不明白什么叫主航道，四处多元化投资，一会儿做贸易，一会儿做生产，一会儿做A行业，一会儿做B行业。咱们暂且不讨论他们能不能做好，只考虑多元化投资在报表中会反映出哪些问题。第一，多元化投资需要大量占用现金，现金流会减少；第二，一旦投资失败导致亏损，这个亏损会直接吃掉报表中的利润。

讲到这里，还有一个误区我有必要澄清一下。过去很多企业买了一块地，假设这块地是 200 万元买下来的，一年以后涨到 1 000 万元，这时，老板就认为自己投资赚了 800 万元。其实，它离真正的利润还很遥远。什么才是真正的利润回报呢？只有在企业将这块地卖掉以后，利润回报才能反映在报表上。一旦你要卖地，就需要扣除各类成本以及税费，最终显示在报表上的利润可能只有 500 万元。

以此类推，假设这家企业投资了一家服装厂 20% 的股份，年底发现这家服装厂一年有 1 亿元的利润，但是，如果这家服装厂年底并没有分红，那么企业的收益还是 0。只有在这家服装厂分红了，并扣除 20% 的分红税后，剩下的才是利润回报。所以，如果企业做多元化投资，那么实际上我们在财务报表系统里看到的镜像是风险巨大，因为它会占用现金流，会增加成本，最后甚至会吃掉利润。

造血功能比利润重要 10 倍

随着所有的地雷慢慢浮出水面，最终你会发现，企业的命脉取决于现金流。所以，企业还要专门制作第三张报表——现金流量表。

为什么"威尼斯商人"们做大必死呢？实际上，他们全都死于现金流断裂。真正经营过企业的人都知道：现金流比利润重要 10 倍。虽然本书通篇都在谈论利润的重要性，但是我们不得不承认，只要还有现金流，利润亏损就不会马上要了企业的命，可如果企业的现金流断裂了，马上就会要了我们的命。所以，犹太人讲过一句话：现金流比妈妈还重要。为什么？因为妈妈给了你生命，但是现金流断裂会要了你的命。

现金流量表是什么逻辑呢？它的底层逻辑非常简单：现金流＝现金流入-现金流出。经营过企业的人都知道，企业每分每秒都在花钱。也就是说，现金每时每刻都在流出，如果现金流入没有超过现金流出，负向现金流就会出现。这个时候，企业就会死于现金流断裂。

为了防止这种情况发生，我们首先要盘点清楚现金流有哪些入口。

- 第一个入口：股东的注册资本金。这是股东在为企业输血。
- 第二个入口：债权融资，也就是借贷。我们将这种模式称为"吸血模式"。为什么？因为借贷产生的高额利息马上就会转为成本，直接导致企业的亏损更大。为了弥补亏损，老板不得不继续借钱……如此循环往复。所以，表面上借贷是为企业输血，实际上是债权方在吸企业的血。尤其是很多中小民营企业，由于在银行贷款比较困难，最后被迫将手伸向高利贷这个吸血鬼。然而，高利贷是魔鬼之门。君不见有多少人辛苦经营大半生的事业，最后死于这个吸血鬼之手。

- 第三个入口：企业的经营收入。这才是唯一一个良性的、可持续的现金流入口，我们将这个入口称为"造血模式"。只有当这个入口开得足够大，源源不断、生生不息地为企业造血时，经营系统才能良性运转。

综上所述，表面上我们有三个现金流入口，实际上，只有第三个入口才是可持续的。那么，第三个入口靠什么人造血呢？用户。这就是为什么我们反复强调要成就用户。因为任何一家企业一旦离开了用户，企业最良性的现金流入口就没有了。这就倒逼我们不仅要为用户创造价值，而且要为用户创造终身价值，一辈子成就用户。否则，企业的造血功能就没有了，整个经营系统就不运转了。

北大国发院的陈春花教授曾经访问过一些寿命很长的企业，它们给她带来了很大的启发。她问其中一个企业家："为什么你的企业能活80年？"对方回答："因为我有1万个用户，他们活了80年，所以我的企业也活80年。"由此可见，这家长寿企业真正抓住了经营的本质。

赚钱如针挑土，花钱如水推沙。当一个人无法为用户创造价值时，千万不能创业。为什么？因为现金流入口只有三个：输血、吸血和造血，其中可持续的只有造血一个入口，如果没有用户支持你，给你造血，你的现金流入口就没有了。但是，你的企业一开张，到处都是现金流出口，每时每刻都在花钱：料、工、机、管、销、财……

以经营一家五星级酒店为例，即便一个客户都没有，每月仅仅折旧费也可能要上千万元。这个问题怎么解决呢？最后老板会不顾一切地找吸血鬼救命。而惹上高利贷就好像吸上了鸦片，一旦吸了鸦片，人就会膨胀，有了钱就买房买地，会不自觉地忘掉自己的初心和艰苦奋斗。但是，商业不是一条直线，它是有波峰、波谷的，你会遇到经济周期、行业周期甚至企业自身的周期，这些都会导致你的业绩波动。无论是银行还是放高利贷的组织，它们都是以营利为目的的，一旦遇到风吹草动，它们首先会保全自己。所以，一开始你可以通过借贷放大梦想和欲望，可是最后一旦断粮，企业就崩盘了。

死因盘点：杀死企业的七大杀手

通过上面对财务三面魔镜基本逻辑的讲解，大家应该理解了财务报表的价值。最后我们总结一下：从这三面魔镜中，我们需要警惕杀死企业的七大杀手。事实上，一切皆因果，这七大杀手只是最终在报表上体现出来的"果"。真正要根治这些问题，你不能在财务层面找解决方案，而是要回到前面 8 个模块，才能寻找到真正的病"因"。

杀手 1：财务不规范

为什么许多企业无法提前预知现金流断裂的风险呢？根源还是在于财务不规范。

而财务不规范的根源在哪里？老板。要么是因为老板根本看不懂报表，或者对报表指手画脚，使得自己沦为经营中的"聋哑瞎"；要么是因为老板用了无能之辈，任人唯亲，让自己的亲人来做财务，结果导致企业的财务不规范，报表无法反映出真实的经营状况，无法清晰准确地定义收入、成本、利润、折旧、摊销……

要解决这个问题，只有遵循财务的游戏规则，从源头规范财务报表，企业才能及时识别各类经营风险，做出正确的决策。为什么上市公司必须强调财务规范？因为财务规范是企业的第一天条。

杀手2：利润亏损

企业的第二大杀手是利润亏损。无论你把自己的经营能力说得多么天花乱坠，只要我们调出利润表，一切问题不言自明。

归根结底，企业利润亏损是果，真正的因在哪里？本质上是企业不聚焦，导致把资源投入在没有产生成果的地方。比如：企业的战略不聚焦，老板不清楚边界，不知道什么不该做；创新不足，没有聚焦于一个核心价值；产品不够聚焦，用户价值不够深；用户不够聚焦，企业将许多资源浪费在不重要的用户身上……以上每个模块的不聚焦都可能造成企业的利润亏损。

杀手3：库存过大

库存是怎么造成的？不聚焦。当你将产品挖了1 000米宽时，客户价值必然做不深。如果产品没有聚焦做差异化，没有与竞争对手区分开，就没有任何竞争力。最终，企业生产出来的不是商品，而是库存，因为它们根本卖不掉。

因此，经营企业必须以用户为导向，先用户后产品，先市场后工厂。

杀手4：应收账款太多

企业为什么会出现应收账款呢？本质上还是因为产品没有竞争力，只能靠赊销来抢夺市场，最后货发给了客户，钱却收不回来。尽管你辛辛苦苦赚了10年的钱，但是一夜之间回到了解放前。在这个问题上，我自己也吃过大亏。

1995年，我开始做多元化投资。除了前面提及的房地产行业，那时我还涉足广告传媒、装饰建材、软件信息等多个行业。多元化投资意味着不聚焦，公司的资金严重分散，再加上投资失误，财务总监很快向我汇报：公司账上快没钱了。

听到这个消息，我的第一反应是询问还有多少应收账款，并要求全公司员工必须将工作的焦点放在回款上。可以说，那段时间是我创业以来最艰苦的时期。在最难熬的时候，为了支付员工的工资，我甚至去卖过血。可是，我又能有多少血可卖呢？痛定思痛，我在公司下达了两道死命令：一是基于目前状况，应收账款必须抵死回收，以挽救濒临倒闭的公司；二是公司以后不允许再有应收账款，从今往后，任何交易都必须是先款后货。

很多销售人员听到这个要求，立马想要辞职。我也明白，一旦公司实行先款后货的政策，许多客户可能就会流失。但是，这次我的态度十分坚决，哪怕客户流失，也不允许公司再有应收账款。无奈之下，员工只能去做客户的工作，希望说服他们理解公司的困难。从那之后，公司再也没有出现过应收账款，终于度过了现金流断裂的危机。

这次经历让我明白，只要我们做好产品的价值创新，把品质做到第一，把用户价值做到第一，自然会吸引到高质量的客户，这就是"你若盛开，蝴蝶自来"。反之，如果你没有把自己的本分做好，无法提供独一无二的价值，最后就只能靠赊销来吸引客户。

杀手5：固定资产

一次，我在电梯里面遇到一位学员。这位学员抓住这个机会，问了我一个问题："老师，我想投资固定资产，您觉得该投吗？"

听到这个问题，我倒吸一口凉气。如此短的时间之内，要把这个问题讲清楚可不容易。庆幸的是，我还算是一个善于抓重点的人。于是，我马上问他："你做什么行业？"

他回答："我做服装。"

我又问："你做多大规模？"

他答道："2亿元。"

我马上说："不投。因为你的企业的规模还不大，一旦投资固定资产，固定资产很容易把你的现金流吃掉。况且，一旦投资固定资产，固定资产的折旧也会瞬间拉高你的成本。如果我是你，我会用这2亿元来做更重要的事情。比如，投入研发，通过创新提升产品的品质；投入海陆空三军，把钱花到用户身上。如果你真的需要固定资产，那么不妨选择外包来解决，因为今天中国服装行业的供应链已经非常强大了。如果你真的要投资固定资产，那么我建议你做到20亿元以后再考虑这个问题。"

一般情况下，针对所有中小型企业，如果企业规模还不大，那么我们都建议不要过多地投资固定资产，企业可以选择用外包或者租赁手段来替代。企业越是规模不大，越是要把钱用在刀刃上，用在真正为用户创造价值的地方。

杀手6：多元化投资

第六大杀手是多元化投资。有些老板以为自己赚钱了（比如上面案例中的美发店老板，美发店明明是亏损的），于是，他们开始得意忘形、盲目自大，认为赚钱太简单了，自己什么都可以做。最后，他们会拿着这笔钱做多元化投资。但是，隔行如隔山，他大概率会赔掉这笔钱。

我们经常会给企业家们一个忠告：不熟不做。我们甚至可以把话说得更加绝对一点儿：不擅长的都不能做。很多老板在一个行业干了20年，觉得赚钱太难了，听别人忽悠大健康行业非常赚钱，于是让企业马上转型做大健康行业。这就是人性的弱点，只见贼吃肉，没见贼挨打。等他们进入这个行业以后，就会发现这个新行业并不比自己的老本行容易做，甚至可能比想象中更难。

因此，真正赚钱的企业一定是专注聚焦的，是专、精、深的。无论哪个行业，一定都是专家赚钱，而且专家非常赚钱。未来 10 年，这个趋势只会越来越明显。

杀手 7：高利贷

最后一个杀手是高利贷。曾经有一位高管分享了他自己的经历。三年前，他们公司就有投资 1 000 多万元建厂房的想法，对这家规模并不大的公司来说，这可谓是一笔巨大的固定资产投资。2019 年，公司获得的利润的确非常理想，未曾料想，2020 年受到新冠肺炎疫情的影响，公司亏损了。随着疫情逐渐被控制，老板还是倾向于按照原计划投资厂房。但是，这位高管看到好几个同行在投资厂房的过程中，现金流受到了巨大的冲击，最后只能去借高利贷，反而把自己拖死了。这次听完课，他决定回去再好好劝一劝老板。

事实上，很多企业家已然明白了高利贷是吸血鬼，只是前期的决策失误导致他们走投无路，被迫将自己推向高利贷的深渊。然而，创业本身是一件高风险的事情，我们要坚决拒绝高利贷，通过股权融资等方法解决资金不足的问题。关于这一点，我会在下一章展开阐述。

综上所述，为什么有的企业收入做大了，却没有利润？为什么企业账面上有利润，却没有现金流？翻开这三大报表，你会发现每一个数字都是血淋淋的。譬如，企业库存高企意味着什么？它会杀掉现金。如果企业没有现金，为了维持持续运转，你可能被迫去借高利贷。而且，一旦库存卖不掉，呆滞库存就会直接减利润，这又可能导致企业亏损。所以，这些杀手就像多米诺骨牌一样，每一个杀手都会招来一系列杀手。最后你会发现：一步错，步步错，收都收不住。

悲剧的源头在哪里？可能就在于企业的战略不聚焦，一会儿投资高端生产线，一会儿投资低端生产线。由于企业没有专注于打井，其产品没有杀伤力。最后，产品卖不掉又会导致企业库存上升，应收账款上升，固定资产加大，这一切又会反过来拉升成本。每一个环节都会占用资源，最后导致企业现金流不足。为了维持企业正常运转，老板不得不去借款，形成恶性循环。所以，每一个决策背后都是链式反应。

一切诸果，皆从因起。今天在财务报表上暴露出来的恶果，都是我们昨天在经营管理上种下的因。所以，企业家和管理者要学会利用这三面魔镜（见图9-2），从"镜像"中追根溯源，回到前面的8个模块中去找原因，并校正自己的决策，千万不要让这些杀手长大。

财务是管理层必备的元能力

如何才能将这些杀手拴住呢？在本章的最后，我们还要给大家两点建议。

第一，董事长和高管必须精通财务，仅仅了解皮毛还不够。

第九章 财务管理：科学决策的"魔镜"

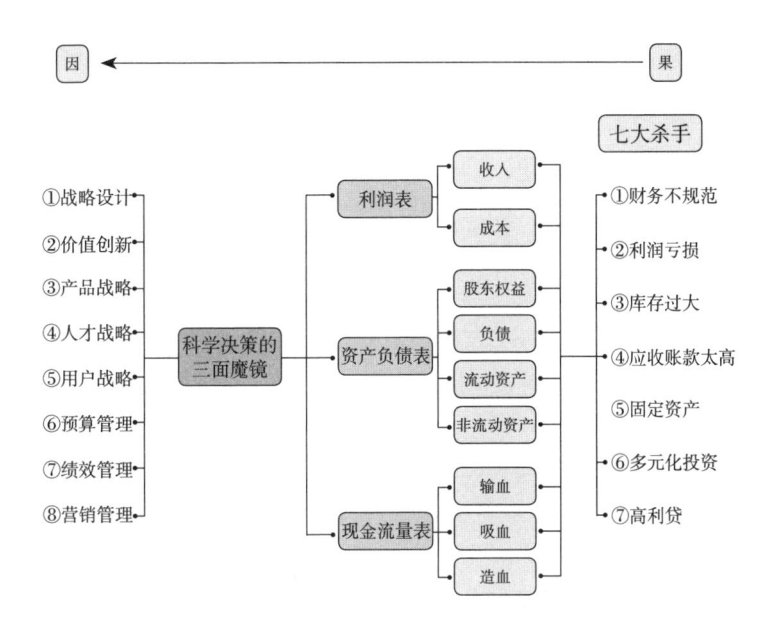

图 9-2 科学决策的三面魔镜

我是学中文的，并非财务出身，但是，创业倒逼我必须精通财务。因为只有理解财务报表的来龙去脉，我才能找到数据背后的决策逻辑。

让我记忆犹新的是，1991 年我们刚创立风驰传媒时，从小把我养大的外婆由于心脏病突发进了医院。第二天我去医院看外婆时，她已经脱离了危险期。当时，她已经 80 多岁了，见到我说的第一句话是"李践，今天的医院很科学"。

我好奇地问她："外婆，你为什么这么讲？"

她回答："你看，我进来以后不用很折腾，医生通过体温表、抽血化验单、血压计的数据就能对症下药，问题就解决了。"

事实上，我的外婆无意间讲出了一个大道理：虽然人分男女老幼，各种疑难杂症又多如牛毛，但是医学技术运用非常简单的逻辑——数据化，即全部用数据指标来评估诊断，比如体温、血压、白细胞、红细胞、血糖、血尿酸、血脂……数据指标能将最复杂的问题简单化。

实际上，财务的三大报表也是同样的逻辑，用数据指标来为企业做体检。遗憾的是，今天很多中小企业的老板和管理者没有数据思维，只有文科思维，靠的是拍脑袋、凭感觉，喜欢说大话、讲空话。我们有过多次类似的经历：很多老板给我们讲述的和我们看到的财务报表完全相反，他们自以为企业经营得很好，而我们看完他的报表却心惊胆战。这也说明：唯有数据才是最真实、最客观、最科学的，才能真正一针见血地指出问题。

因此，做企业不能用文科思维，从第一天成立企业开始，注册资本金、房租、水电费用、工资、奖金、原材料费用……所有的一切都是钱，都是数据。所以，全世界的企业都是用一套财务规则来衡量企业经营的好坏。企业家和管理者必须了解企业的游戏规则，因为没有经营高手会听你的形容词，其在数据面前是苍白无力的。德鲁克讲过一句名言：只有数字的管理才是科学的管理。

在行动教育，每个月必须召开一次财务报表分析会。董事长、财务总监和各业务线高管必须坐下来，认真仔细地分析三大报表，并通过这三面魔镜不断反省：自己在哪里做错了决策？企业或部门亏损了吗？库存增加了吗？应收账款增加了吗？固定资产变大了吗？现金流是否健康？……甚至，集团会要求每一个事业部、每一家分公司都必须做出自己的三大报表。只有管理者看懂了三大报表的逻辑，明白什么是对的、什么是错的，才能通过财务报表中的果去追查病因，及时诊断：什么产品该做，什么产品不该做？什么客户该做，什么客户不该做？什么团队该做，什么团队不该做？成本该如何控制？……

如果大家感兴趣，那么可以查阅一下行动教育的报表——收入和利润不错，几乎没有库存、没有应收账款、没有借款，账上储备了十几亿元的现金。虽然公司投资了一栋教学楼，但是，与公司的资产规模相比，固定资产所占的比例控制得非常小。而且我们算过一笔账，相比在五星级酒店开课，自建教学大楼每年可以节省 900 万元的成本，服务品质还能大幅提升。因此，如果管理者能够看懂财务的三面魔镜，就可以及时控制经营风险，做出最科学的决策。

第二，企业必须有一位优秀的财务总监。

很多人都羡慕刘备找到了诸葛亮，诸葛亮是什么角色？他是刘备的首席财务官。尤其是如果你的公司未来要上市，要对接资本，那么必须找一个有上市公司工作经历的财务总监。否则，你可能会走很多弯路，无意识地踩中许多坑。而一个上市公司的财务总监能够理解资本市场的规则，了解企业运营的游戏规则，他知道以终为始，明白如何反推回去，避免企业走弯路。

因此，财务总监一定要强，要深度理解三大报表背后的游戏规则。一位优秀的财务总监，不仅能每个月准确地做出三大报表，还能对报表进行深度加工，把其中的关键找出来。比如，利润表还可以进一步细分，分解为三大收入指标和八大运营成本指标……这些深加工的报表可以帮助管理层透过数据看到本质。如果企业能够以每个月的财务分析会议为抓手，训练企业家和高管看财务报表的能力，让每个管理者越看越懂、越看越精、越看越熟，那么最终所有管理者都能熟练运用这三面魔镜，做出科学的决策——什么时候左转？什么时候右转？什么时候加速？什么时候刹车？

从本质上看，财务是业务的投影。企业中的一切决策，最终都汇聚到了这三大报表之中。企业家和管理者要透过数据看到本质，就必须让每个管理者都具备财务思维，让每个管理者将财务管理当作必备的元能力来培养。

第十章

资本管理：
股权价值最大化

股权是企业的第一商品

在本书的最后一章，我们要讨论的主题是资本管理。从严格意义上来讲，资本管理应该放在本书的第一章来讨论，因为资本属于中观，而经营属于微观。以终为始来看，后续的经营都是为资本服务的。但是，考虑到企业家根深蒂固的思维模式，我们还是选择从微观的经营入手，讲透经营管理的逻辑以后，再回过头来看资本管理的逻辑。

要解决资本管理的问题，我们首先要明确定义。所谓资本，指的是企业的注册资本金，也就是大家常说的股权。什么是股权？有人说，股权是政权；有人说，股权是所有权……这些说法都有道理。但是，在我看来，股权的本质是企业的第一商品，这种商品是需要企业家来管理的。如果你管理得好，股权的价值就会超越钻石。纵观国内外资本市场，阿里巴巴的市值高达4万多亿元，美团的市值高达1万多亿元……这些万亿元级别的"巨无霸"可谓富可敌国，其财力令一些小国都望尘莫及。相反，如果你不会管理股权的价值，它就是一块黯淡无光的玻璃。

那么，如何才能将股权这块玻璃转化为钻石呢？这就需要企业做好资本管理。然而，对大部分中小企业而言，它们没有意识到股权是企业的第一商品，更谈不上资本管理。根据观察，我们不妨将经营企业的段位比喻为三维空间（见图10-1）。

生钱 8^8 —— 三维空间：经营股权/上市

赚钱 $8×8$ —— 二维空间：买卖公司/兼并收购

挣钱 $8+8$ —— 一维空间：经营产品/商品经营

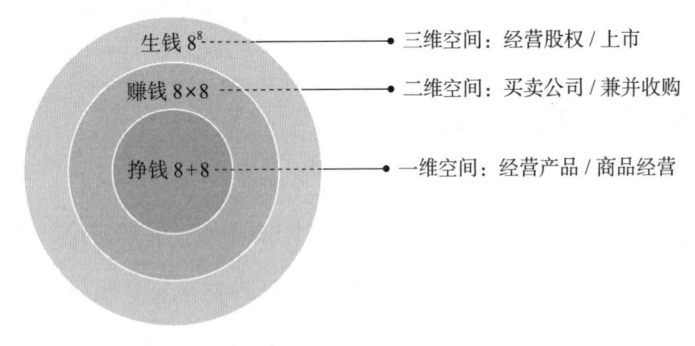

图 10-1　经营的三维空间

三者的经营逻辑是截然不同的。下文将沿着以上模型展开阐述。你不妨对照一下自己在哪个维度经营企业。如果你在一维空间做经营，那么你的股权永远只能是一块玻璃。企业要让股权从玻璃变成钻石，必须上升到三维空间。

经营的一维空间：挣钱

假设你今天从云南来到上海，开了一家过桥米线公司。你在工商局完成注册之后，就拥有了这家公司的股权。如果你不懂得管理股权的价值，那么你会如何来经营这家公司呢？

毋庸置疑，你会按照前面9章的商业逻辑，打通战略设计、价值创新、产品战略、人才战略、用户战略、预算管理、绩效管理、营销管理和财务管理。如果按照这个逻辑来经营，那么你就相当于在经营的一维空间挣钱。

什么叫"挣钱"？"挣"字可以拆分为"手"和"争"，也就是靠手来赚血汗钱，这种挣钱方法最终得到的经营结果可以理解为8+8=16。今天的中小民营企业大部分都停留在这个阶段。

这种挣钱的逻辑行不行呢？行，但它是靠血汗挣钱，并且风险巨大。我们不妨来还原一下企业在一维空间挣钱的逻辑。

假设你投资100万元开了一家过桥米线店，按照传统商业思维的逻辑，既然你自己办企业，那肯定是你自己出钱。然而，你回家翻箱倒柜，却只凑到了30万元，其余的70万元从哪儿来呢？向银行贷款？贷款利息太高，你可能还不起。跟家人借钱？自己创业不好意思连累家人。无奈之下，你找到了朋友。朋友们很仗义，果真帮你凑齐了70万元。

拿到这些钱，你暗下决心，一定要干出个样子来，绝不辜负大家的信任。不过，你的内心深处却存在一丝隐忧：这些借款什么时候才能还完呢？按照《公司法》《会计法》《税法》的规定，要想还上这些钱，公司首先要有利润和现金流。开弓没有回头箭，你只能给自己打"强心针"："按照标杆公司的情况来看，差不多一年时间就可以回本了。"

在各种准备工作到位后，你开始正式经营这家过桥米线公司。经过一年的艰苦奋斗，到了年底，你发现公司的经营公式是 5-10=-5，公司亏得很惨。

到了第二年，你更加努力工作，认真学习各种经营管理的方法和工具，并不断优化经营的各个环节。到了年底，财务报表一出来，你发现这下真的赚了：11-10=1。但是，这个时候你仍然不能用利润去还钱。原因很简单，今年是有点儿利润了，但是去年亏得实在太惨，你必须先弥补亏损。

如果你不懂企业经营的规则，那么摆在你面前的似乎有一条路：先把公司账上的钱拿一些出来还钱。但是，这是一条死路。若你真的走了这条路，等着你的就是《刑法》中的"职务侵占罪"。因此，你必须清楚，虽然这家公司看起来是自己的，但受到国家法律的严格管束。从在工商局注册那一天开始，所有的行为都必须合法合规。

你唯一能走的路是踏踏实实地奋斗。又经过一年的努力，你的公司终于有了 15-10=5 的经营公式，利润比较高了。在把往年的亏损弥补完之后，接着你还要交 25% 的企业所得税、提取公积金和公益金。如果幸运的话，此时你还会有一些现金流，好像可以拿来还钱了。

可是，你看着眼前的成绩，心里又打起鼓来：是不是应该把这些钱投入后面的经营管理中去，这样企业才能得到更好的发展？一番天人交战之后，你最终决定给自己分红并还钱。分多少呢？你心想："10万元差不多了吧。"可是，这只是你自己的想法。税务机关会告诉你："要分红是吗？可以，先交20%的个税，扣掉2万元吧！"这就是挣钱的逻辑。

商界有一句十分精辟的话：所有的企业家吃的都是最后的晚餐。企业家嘴里吃的，永远都是别人吃完之后剩下的晚餐。

道理很简单，企业要有10-8=2的利润，首先就要有好的产品、团队和用户。因此，在企业有了利润之后，所有产品和市场团队成员以及其他员工首先要吃饱，企业要满足他们的荣耀感、自豪感。对于用户也是如此，他们是上帝，你必须想办法让他们觉得物超所值。同时，别忘了你的各种供应商和经销商，即便你懂得如何通过财务管理控制成本，无论如何你的供应商和经销商也是不能饿着肚子的。他们一旦吃不饱，偷工减料、渠道力度减损的现象就会出现。在"伺候"完所有这些内、外部关键人物之后，你千万不要忘记了政府。你的企业合法守规，怎么能够不缴税呢？所以，增值税、所得税，再加上各种附加税，也必须从你的利润中先扣除。到了这个时候，所有"客人"都已酒足饭饱，你终于可以去吃这剩下的晚餐了。

因此，企业经营不是一件容易的事情，企业家每天都生活在水深火热中。如果按照这套商业思维的逻辑，那么你从一个领域里熬出头，没有10年、20年几乎是不可能的。

谁丢掉了打开资本市场的钥匙

为什么我们说挣钱这条路风险巨大呢？因为在商业的竞技场上，99%以上的人都是通过经营商品获得利润，成千上万的人在这条路上竞争，最后他们的产品出现同质化，他们相互打价格战，最终杀敌一千，自损八百。所以，这是一条血流成河的路。

事实上，很多民营企业家恰恰忽略了一个关键点：企业的第一个商品不是产品，而是股权。从创业的那一天起，企业家其实面对的是两个市场：一个市场是产品市场，这个市场交易的是产品；另一个市场是资本市场，这个市场交易的是股权。

这两个市场遵守两套截然不同的规则：产品市场是在地上跑，经营必须规范，不容许有任何泡沫存在；而资本市场是在天上飞，一出生就是高杠杆、高溢价的。可惜的是，很多民营企业家不知道天上飞的那个市场，只知道地上跑的那个市场。

如果企业家没有意识到自己手上的第一商品是股权，他们就不会想到去经营股权的价值。最后，他们在地面市场上犯了一个致命的错误：财务不规范。他们的三大报表是错的，甚至是假的。

为什么？因为就像上文刚刚描述的，他们不容易在地面市场中获利，所以就动起了歪心思——偷税漏税。最后他们违反了游戏规则，甚至违犯了《会计法》和《公司法》。正是这些小动作让他们亲手丢掉了打开资本市场大门的钥匙。一旦走到这一步，他们就将永远和另一个市场失之交臂，除非一切从头再来。因为资本和他们的企业一接触，就可以判断其财务是否规范，其是否遵守了游戏规则。

在接触中小民营企业的过程中，我们还发现很多老板有一种错误的认知：他们认为遵守国家标准和游戏规则会拉高企业的成本，导致企业赚不到钱。实际上，事实正好相反：财务规范恰恰是成本最低的选择。因为当企业财务不规范时，整个企业人心浮动，许多员工浑水摸鱼、顺手牵羊，整个公司的底板是漏的。而一旦财务规范以后，所有人就想着往一个地方使力。因此，财务不规范不仅生生断掉了自己的资本之路，让自己的股权一文不值，而且会导致企业漏洞百出，这还会进一步影响管理的精确度。

从资本市场的维度看，企业最怕两个"不规范"：一个是财务不规范，另一个是股权不规范。很多老板由于对股权没有深刻的认知，把股权当成白菜到处送人：一会儿把股份卖给亲戚朋友，一会儿因外出听课而头脑发热，把股权分给员工……最后不知不觉就违犯了《公司法》。

《公司法》本质上是管理股东的一套法律体系。《公司法》规定，一旦公司股权分散，就应该建立三会一层的治理结构。其中三会是指股东会、董事会和监事会，一层是指公司经理层。股东会是由公司股东组成的，是公司最高权力机构；董事会是由股东大会选举产生的，是公司的决策机构；监事会是公司的监督机构，负责监督董事会以及经理层；经理层是由董事会聘任的经理人，负责公司的具体经营。

三会一层背后的设计逻辑并不难理解，它其实是一个三权分立的治理结构。首先，公司顶层是股东，股东出钱创建了公司，因此，股东拥有公司的所有权。然而，股东如何行使自己的权力呢？通过股东大会。所以，股东会是公司的最高权力机构。由于历史原因，很多中小企业一开始都是家族企业，这就导致诸多企业在治理结构上不够规范，往往创始人集多个角色于一身。事实上，在企业做大以后，股东会就要选举董事会，并把决策权授予董事会，董事会负责定战略、批预算、投融资等重大决策。接下来，董事会再任命CEO，CEO再来组建管理班子，赋予经理层经营权。同时，股东大会还会选举监事会，来监督董事会和经理层，防止其损害股东的利益。

现在我们换一个角度，再从监管部门的视角来看看证监会的审核逻辑。如果你选择在中国主板上市，那么它遵循的是审批制。具体怎么审批呢？审批主要靠两个处：一个叫会计处，另一个叫法律处。前者审核企业的财务是否规范，后者审核企业的股权是否规范。审核财务是否规范依据的是《会计法》，审核股权是否规范依据的是《公司法》。

以我自己的亲身经历为例。2013年，我接手亏损的行动教育；2014年，公司扭亏为盈，战略回归主航道——做世界级的实效商学院；2015年，公司成功挂牌新三板。这时，资本市场给我们定了一个价格：每股21.86元。接下来，公司按照半价给员工做了股权激励。当然，前提是员工的业绩必须达到一定标准才可以。从2017年开始，公司就已经具备了中国A股主板市场的所有上市条件，包括收入、成本、利润等。但是，在中国A股主板市场上市非常困难，因为它执行审批制，这意味着有人要担责，所以主管部门必须把你看穿。

最后，主管部门把整个行动教育的账全部给翻了一遍。翻完一遍还不够，证监会又派了17位专家在行动教育的会议室住了40天。他们住在里面干什么？查账。所有高管及其三代以内亲属的全部流水都要核查一遍，检查每一笔钱是否合法合规。最终，在查证没有任何问题的情况下，证监会终于在2020年11月正式批准行动教育上市。

在这个过程中，如果公司有任何一笔钱的来源或去向没有遵守国家的法律法规，那么基本上就与资本市场无缘了。在财务不规范的公司中，股权只能是玻璃，永远也无法变成钻石。除非从头再来，这又是另一个故事了。

因此，民营企业家们不知道的是，正是自己的无知将手上最值钱的商品——股权给毁掉了。他们亲手丢掉了打开资本市场大门的钥匙。最后，他们手上只有商品，只能靠商品去挣钱。但是，企业要靠商品挣钱真不容易，因为竞争非常激烈，环境一会儿出现波峰，一会儿出现波谷，一会儿有金融海啸，一会儿出现产能过剩，可谓是终日陷于水深火热中。

经营的二维空间：赚钱

小公司和大公司真正的分水岭在哪里？小公司的股权无法发生裂变，而大公司的股权发生裂变了，与资本对接上了。很多大公司用股权去融资，股权融资的本质就是买卖股权这个第一商品。以终为始来思考，那些大公司的生命力之所以强大，是因为它们会经营股权的价值，懂得经营的二维空间：赚钱。

什么是赚钱？"赚"字由"贝"和"兼"组成。贝代表钱，而兼代表兼并收购。兼并收购不是商品的买卖，不是资产的买卖，不是土地、机器的买卖，而是公司的买卖，而买卖公司的本质就是买卖股权。一旦进入买卖股权，老板就必须有资本思维。如果老板没有资本思维，公司就会被资本收割。

关于这一点，我有切肤之痛。1999年，全世界范围内互联网泡沫破裂，造成这一现象的原因有很多，其中很重要的一点，就是绝大多数的互联网公司都无法实现盈利。因此，在很短的时间内，许多知名互联网公司的股票价格纷纷下跌。TOM户外传媒集团也不例外，股价从每股23元一路下滑，先是跌到了每股15元，然后跌到每股10元，最后跌到了每股8元。倘若TOM户外传媒集团的董事会再不拿出具体可行的办法，这家号称千亿元级别的公司马上就会面临破产的结局。

于是，董事会紧急召开会议，商量对策。大家分析到最后，发现这次股票大跌的根本原因还在于公司没有赢利能力。但是，短时期内解决这个问题也不现实。唯一的出路是运用资本思维，去兼并那些赢利能力高的企业，最终通过合并报表提升TOM户外传媒集团的赢利能力。

厘清思路之后，TOM户外传媒集团开始对中国市场进行分析，希望能找到真正的赢利能力强的企业，然后对其进行兼并。彼时的中国内地，广告传媒公司犹如雨后春笋般在快速生长。但是，在2002年以前，中国内地的文化产业是不允许对外开放的，更不允许外资获得控股权，最多可以进行合资经营。然而，

2002年以后，由于中国加入世界贸易组织，这个管制就逐渐放开了。

就在这时，TOM户外传媒集团开始对中国内地的广告传媒公司进行调研分析。TOM户外传媒集团很快就发现：在偏远的云南昆明，有一家公司还没有让外资获得控股权。而且，经过到云南省工商局的调查，TOM户外传媒集团还发现这家公司居然是云南省乃至中国西部最赚钱的广告传媒公司。这个公司就是我们的风驰传媒。

而当时，我还是一个不谙世事的"村夫"，生长在边疆高原，头顶草帽，脸上晒出高原红，一只裤脚长、一只裤脚短地在野地乱跑。

一天，一位TOM户外传媒集团的经理拦住了我："多大了？有女朋友吗？身体怎么样？"

"18岁，没有女朋友。身体还行，练过跆拳道。"我完全不明就里。

"太好了。"来人掩盖不住内心的喜悦。

很快，这位TOM户外传媒集团的经理就表明了自己的真实来意："我们已经查过了，风驰传媒现在的税后年利润是2 700万元。TOM户外传媒集团现在准备用2.78亿元收购风驰，你意下如何？"

我一听就蒙了，过去我只是卖产品，从来没有卖过股权，这也导致我后来错误地计算了收购方该支付的合理价格。当时我的想法很简单："现在风驰传媒的税后年利润是2 700万元，对方用 2.78 亿元收购，等于是未来 10 年利润的总和。这笔生意可以做。"于是，我点头答应了。紧接着，我去了一趟香港，在来到维多利亚港湾的和记黄埔大楼，见到李嘉诚先生后，我才明白过来是怎么一回事。我很快就签下合约，风驰传媒就这样被收购了。

这次收购完成之后，TOM 户外传媒集团在香港召开了一次新闻发布会。很显然，这次发布会的主题之一就是稳定所有投资人的心理，告诉他们 TOM 户外传媒集团现在已经有了自己最赚钱的主营业务，股票不会再跌了。

随后，按照发布会的流程，我上台发言。面对台下 300 多位投资人，我侃侃而谈，脸上不时流露出兴奋的神色。不过，我的兴奋感很快就被一位老外打破了。

这位老外站起来说了一段话，大意是他看过风驰传媒的财务报表，不明白为什么风驰传媒明明有 2 700 万元的税后利润，却会被 TOM 户外传媒集团以仅仅 10 倍的价格收购。他告诉我，就在几天以前，另外一家利润并没有风驰传媒高的公司获得了税后利润 30 倍的收购价格。

这位老外怀疑这次收购有猫腻，不然为何我会以这么低的价格卖掉风驰传媒？听到老外的问题，我一下愣住了。要不是这位老外的问题，我还一直被蒙在鼓里。当时我只能回复，要是早知道的话，或许就会提出 12 倍的价格了。事实上，我心里凉了一大截。那一瞬间，我才明白自己根本就是一棵不懂资本经营的小韭菜，在资本的镰刀面前毫无招架之力。

多年以后，每当回忆起这段往事，我都懊悔不已。现实就是如此，在商业的江湖里，从来都是高维绝杀低维。即便风驰传媒有更好的赢利能力，由于我们没有资本思维，当资本的镰刀高高举起的时候，我们也还是会把这种降维打击当成天上掉馅饼的好事，何其荒诞？

后来，我出任TOM户外传媒集团总裁后才得知，当初TOM户外传媒集团在收购风驰传媒时，股东投资人曾允诺86倍的资本杠杆。结果，风驰传媒却被他们用仅仅10倍的杠杆就买回来了。这也难怪那位老外质疑这次收购的背后有什么阴谋了。

其实哪有什么阴谋，只是由于我不懂股权思维和资本杠杆，自己掉入了资本的陷阱里，还天真地以为那是天上掉下来的馅饼。事实上，当TOM户外传媒集团以10倍的溢价收购我们的公司时，我已经觉得自己的公司非常了不起了。因为我们原来挣钱靠的是8+8=16，个中滋味只有自己知晓，我们所有的钱都用于扩大再生产，实际上股东是没有钱的，甚至我自己买房子都需要贷款。这次好不容易把股权卖了，我才告诉自己"你终于可以买好多房子了"。

TOM户外传媒集团在收购我们公司的时候，它在香港资本市场上的市值是86倍。当它把我们公司放到上市平台上时，溢价瞬间变成了86倍，这就是逻辑。也就是说，TOM户外传媒集团只是通过一个合同交易，就把我们所有人10年奋斗的成果全部收入囊中。从此以后，我自己变成职业经理人，我们的资产、我们的客户、我们的团队……全部都属于 TOM 户外传媒集团。

因此，这才是真正的赚钱逻辑：只要收购你的公司 51% 的股权，它就可以将你的公司变成自己的子公司。紧接着，子公司所有的收入、利润、资产等都会合并到母公司。换言之，当公司懂得依靠资本赚钱，懂得了收购兼并的逻辑时，它就从经营的一维空间升维到二维空间：从挣钱变成了赚钱，从 8+8=16 变成了 8×8=64。

经营的三维空间：生钱

当一个企业家从商业思维转到资本思维时，他就进入了经营的二维空间：8×8=64。但这还不是最高境界，最高境界就是要让股权变成真正的钻石，这才是生钱。

请认真观察这个"生"字，它是由一个"牛"字和一横组成的。中国汉字博大精深，在中国股市，股市整体上涨被称为牛市。牛在平台上，也就是老板要懂得如何让公司上市。甚至公司并不需要真正上市，只是在老板开始考虑上市规划时，他的股权瞬间就会增值数十倍，因为上市是后面的事情。也就是说，这个老板只要懂得他要上市，他的股票马上就变成商品了。最后，一旦上市，公司就进入了经营的三维空间，这个空间的经营成果是 8 的 8 次方，即 1 670 万以上。所以，思维方式不同，结局完全不一样。

这就是思维造成的局限。普通老板只会通过产品经营来挣钱，最终辛苦奋斗半生，才实现 8+8=16。懂得资本市场的老板会通过收购兼并公司股权赚钱，实现 8×8=64。但是，真正的老板懂得股权是企业的第一商品，明白股权的价值堪比钻石。所以，他会拿自己的股权去上市，最后实现 8 的 8 次方。这时，股权作为一种特殊商品被激活了。

实际上，我们身边就有很多这样的经营高手，我给大家讲一个故事，也许会对你们有所启发。

千禧年前后，我的一位朋友敏锐地感受到一股叫作互联网的风。于是，他很快从一家世界 500 强企业中退出并创业。紧接着，他马上飞去了硅谷考察。考察结束以后，他坚信未来一定是互联网的世界，于是在香港注册了一家公司。香港的注册资本金是没有门槛的，只要 1 港元就可以注册一家公司。

请注意，此时这家公司还什么都没有，只有一个点子——做互联网。很多老板创业的时候，基本上也是差不多的状态。但接下来，我的这位朋友思路就和一般人不同了。

对大多数人来说，他们在工商局注册好一家过桥米线店以后，接下来就会思考借钱、装修、招聘员工、购买原材料、设计菜单……总而言之，他们做所有事情的目标只有一个——卖过桥米线。但是，我这位朋友的逻辑不同：他卖的不是自己的产品，而是自己的第一商品——股权。在他拿到股权的第一天，他就告诉所有人：一年以后，这家公司要上市。当他提出自己的资本规划时，这家公司的股权就要裂变了，因为他要开始做股权融资。

请注意，此时他只有一个点子——做互联网，其他什么都没有。但是，他凭什么可以融资？因为他确定一件事情：未来一年，这家公司要上市。一旦他笃定公司一年以后要上市，股权就发生裂变了，股权就成了商品。

为什么？因为公司一旦上市，老板就会进入另一个在天上的市场，这个市场讲究的是溢价、杠杆，这是资本市场的游戏规则，这套游戏规则与地面上的产品市场是完全不同的。

有了上市思维意味着什么？股票变成钞票，股权变成商品。为什么股权会变成商品？因为这个世界上有很多有钱人，他们就是不想干活儿。这时，有人就成立了投资公司，专门去买那些未来要上市的公司的股权，这就是风险投资。同样地，我的这位朋友也找到了投资人，明确告诉他们：我要上市。根据香港的法律，只要公司符合要求，一年之后就可以上市。并且，香港的资本市场可以不要求利润，关键是要有人买你的股票。

如此一来，对我的朋友来说，决策就非常简单了，他只要保证公司的财务规范和股权规范符合《公司法》和《会计法》的要求，一年以后公司就可以上市了。

因此，在公司成立后不久，他找到了融资。一开始他就给自己的公司估值10亿港元，希望能出让20%的股份获得2亿港元的融资。但是，投资方都觉得20%的股份太少了，希望能够购买40%的股份。他们为什么要购买这么多股份？因为在他们眼中，这家公司未来会成为一家有发展前景的公司。

双方权衡之下，最终我的这位朋友拿出 30% 的股份，获得了投资方约 3 亿港元的融资。拿到融资之后，他开始定标、定位、建团队、做产品。在当时的香港，互联网还是一片处女地，互联网公司更是一个新物种，没有任何成熟的商业模式可供借鉴。因此，一年下来，这家公司并没有赚到钱。然而，按照香港的证券监管法规，一家公司能否上市，并不取决于其是否实现了盈利。

一年以后，这家尚未赢利的公司如期上市，顺利进军香港联交所的创业板，开始挂牌交易。或许是因为有知名投资人的投资背书，这家公司一开始挂牌交易，股价就从挂牌价的每股 1 港元迅速涨到了每股 10 港元。紧接着，在很短的时间内，这只股票最高涨到每股 20 港元以上。也就是说，对才投资了一年的投资者来说，他们手上的股权很快溢价了 20 倍以上。一时间，这家公司也成了业界传奇，不到两年时间就号称千亿元级公司。

从这个故事中，你看到了什么？在经营的三维空间，游戏规则是完全不同的。在经营的三维空间里面，董事长的第一能力不是产品经营能力，而是股权经营能力。股权是企业的第一商品，企业家要有能力对接资本市场。如果股权不对接资本市场，企业就无法实现股权商品化。

企业家要谨记：企业家有两个市场，一个在地面的产品市场，一个在天上的资本市场。资本市场卖的就是企业的第一商品——股权。

但是，你凭什么可以卖股权？你要告诉别人，未来你的股权可以商品化，可以在资本市场上流通。今天很多老板把企业做死了，他们都不知道是怎么做死的，因为他们永远都在地面的产品市场里低头拉车，他们从来没有想过把股权商品化。

事实上，对接资本也要以终为始，即明确最终你的企业选择在哪里上市。一旦这件事情清晰了，这个终点的标准就出来了，因为它是由政策本身决定的。比如，美国有美国的标准，中国香港有中国香港的标准，A股有A股的标准。这些标准本身就是游戏规则，企业一定要了解这些游戏规则。所以，企业表面上是天高任鸟飞，实际上头上有一张法网，这张法网就是边界。企业首先要理解这个边界在哪里，才能站在更高维的角度利用资本的力量。

纵观今天的互联网巨头，阿里巴巴、美团、腾讯这些企业的创始人几乎都是三维空间的经营高手。早在卖产品之前，这些创始人首先卖出去的是企业的第一商品——股权。一旦股权被激活，他们就可以升级资源配置的标准。譬如，他们可以用股权来融资、融智、融人，一切资源都会向他们靠拢。

2021年3月，行动教育正式在主板A股挂牌。有人问过我一个问题："上市对你意味着什么？你觉得上市以后有什么改变吗？"

我认真地回顾了一下近段时间来的变化。对我自己来说，经营企业本身就是修行，我要修的就是一颗平静的心。再加上筹备上市已经4年多了，其间的艰辛难以言表，所以我早已心如止水。但是，不可否认的是，上市确实让身边的环境发生了翻天覆地的变化。很多过去根本想都不敢想的资源都自动找上门：券商、银行、政府、高端人才、客户……然而我的内心非常清楚，今天的我和去年的我并没有任何区别。不过，因行动教育拿到了上市的门票，我们进入了一个过去从未见过的市场——资本市场，这个市场不是过去的水深火热，而是水深鱼大。

在这个市场里，获取资源就会从过去"找资源"变成今天的"吸资源"，甚至很多资源都会追着你跑。因为上市企业尤其是上市的头部企业具有领先性，所以各类资源和服务供应商都愿意与头部品牌合作，进而在这个行业里面获得更多的生意机会。

在这个市场里，游戏规则变了。股票就是钞票，上市赋予了企业印钞机的功能，因为企业可以发行股票，可以自己造血。这是上市这个成人礼给企业带来的身份转变，更是资源配置的升级。一旦进入这个资本市场，企业的玩法和过去买卖商品的游戏规则就完全不同了。所以，为什么今天马太效应越来越明显：大公司越做越大，小公司越做越小？根源在于背后的两类企业家的思维方式不同，99%以上的大公司都利用了资本的力量，利用了比产品思维更高维的股权思维。股权思维是通过杠杆，将明天的利润变现到今天，最后股权从玻璃变成了价值连城的钻石。

除此之外，上市不只是简单地解决钱的问题，公司上市以后就变成了公众公司。公众公司就是社会公司，就像一滴水融入大海，这个市场水深鱼大。这家公司未来的可持续性、商业品牌溢价都完全不一样，它会成为行业的风向标，得到整个产业链条的支持和信赖，对于人才的吸引力也会完全不同，得到资本市场的追捧，受到大客户的青睐……这些不是靠花钱砸出来的。

中国建材、中国国药前董事长宋志平老师在行动教育讲课时，讲过一句令我印象非常深刻的话，他说："没有资本规划的公司，我觉得不值得做。"这句话值得所有企业家细细琢磨。为什么宋老师会这样说？因为没有资本规划的公司，就没有远方，没有未来，没有价值最大化。实际上，宋老师的意思不是让大家放弃做企业，而是一定要站在资本思维的高度重新看待经营。

激活股权：从玻璃到钻石

商业的世界永远是高维颠覆低维。在一维空间中经营，按照产品经营的逻辑，即使企业有了 10-8=2 的经营公式，也就顶多获得 20% 的利润，不会获得更多的收益了。

相反，如果企业具备股权思维，懂得运用资本杠杆，那么当它有了 10-8=2 的经营公式时，国家的法律和政策就会向其倾斜，按照 50 倍以上的市盈率乘以利润来核算这家企业的市值。也就是说，假如一家公司是上市公司的话，当它有了 2 000 万元的利润时，它的市值就是 10 亿元了。这个 50 倍的市盈率就是资本的杠杆。

事实上，50 倍的杠杆真的不算高。只要大家查一查创业板的平均市盈率，就会发现这里的 50 倍太少了，因为基本上创业板市盈率都在 90 倍以上。一旦到了主板，即便去掉那些龙头企业的股票，上市公司的平均市盈率也在 100 倍以上。不难想象，即便这些上市公司每年只有 2 000 万元的利润，一旦进入资本市场，就会拥有 20 亿元的市值。

在经营的一维空间，企业家吃的是最后的晚餐，但是，如果激活了第一商品管理的思维，即企业家懂得在三维空间经营，那么最后吃到的就是资本的盛宴。所以，与其被动地等待这一天的到来，还不如一开始就做好股权管理，以终为始地布局企业未来的发展路径。

举个例子：假设现在你在上海注册了一家过桥米线公司，注册资本金为 100 万元。在工商局注册完成后，你就拿到了股权。接下来，你并没有去融资或者借钱。

首先，你要研究行业内部的上市公司。经过研究后，你拿出了两个方案。第一个方案是在中国内地的创业板上市，因为中国内地的创业板已经与国际接轨，改革为注册制了。但是，创业板对企业仍然还是有利润要求的。第二个方案是在中国香港上市，因为在中国香港上市对企业没有利润要求。无论如何，你先要给自己种下第一颗种子——上市。

物有本末，事有先后。既然股权是第一商品，那么你在创业之初就要做好第一商品管理规划，并且你必须设定一个时间期限——2025 年，首选在中国内地的创业板上市。

其次，以终为始，你的第一个动作是制作商业计划书。既然公司要上市，那么你的商业逻辑要成立。这时你就要动用前面所学的9个模块，从战略到创新、到产品、到团队、到用户、到预算……你要把经营企业的这套循环系统设计出来。

第二个动作是融资。你拿着这份商业计划书开始找投资人融资，你的商业计划书越成熟、越详细、可行性越强，融资能力就越强。请注意融资背后的逻辑是什么。你开始销售企业的第一商品——股权。将股权商品化是创业者的第一责任。所以，一个成熟的创业者不是思考如何卖过桥米线，而是思考如何卖股权。

这个世界上有非常多有钱人，他们不想干活儿，却想赚大钱。而最大的财富在哪里？全部在"钻石"市场（资本市场）中。所以，你仔细研究一下就会发现，基金公司的投资人大多是上市公司老板，这群人拥有股权，也了解三维空间的游戏规则。所以，他们一直在寻找未来的上市公司。譬如，马云经营着一家上市公司，那么获取财富最好的方式是什么？寻找无数个"小马云"。纵观今天的互联网企业，阿里巴巴、美团、饿了么……这些企业没有一个不是从卖股权开始的。

完成股权融资以后，企业还可以用股权来融智。在股权卖出去以后，你可以告诉团队：公司未来会成为一家上市公司，公司现在的员工未来会有股权激励。请注意，公司只有上市才会值钱，当公司的市值为百亿元时，即便你只给某位核心人才1%的股份，那也是上亿元身家。反之，如果公司不上市，股份根本就不值钱，公司也吸引不了真正的人才。

这些都准备就绪以后，你再开始做产品经营，缺什么补什么，这就是逻辑。

因此，所有创业者在注册完公司以后，一定要管理好自己的第一商品，学会如何将自己的股权商品化。而产品经营只是为了支撑第一商品，是为资本经营服务的。真正的企业家赚钱应该赚第一商品的钱，而把产品经营挣来的血汗钱分给员工、分给供应商、分给合作伙伴……激励他们持续奋斗，创造一个真正的事业共同体。

纵观全球，全世界首富们的财富全都来自资本市场，来自第一商品经营。这样的企业基本不可能死于现金流断裂，因为他们自己手上就拥有超级印钞机，企业可以增发股票。企业的股票成为钻石，并且还受到国家法律的保护。上市意味着企业得到了国家背书和资本市场背书，这不是你投资数十亿元的广告费就能换来的品牌。

当然，我并不是说前面9个模块不重要。事实上，如果你没有前面9个模块的支撑，那么资本市场的大门也无法长久对你敞开。因此，企业需要重新理解资本市场的价值，认真审视股权这个第一商品的价值，打通产品市场和资本市场。只有打通了这两个市场，企业最终的价值才能真正实现最大化。

近年来，随着资本市场的改革力度越来越大，资本市场的春天来了。未来中国资本市场一定会越来越成熟。这就意味着整个上市流程简单了，只要你符合收入、利润等达标条件，你就可以上市。

为什么中国要改革呢？因为中国要实现伟大复兴，要在未来10年成为世界第一的经济体，就必须解决民营经济融资难的问题。今天中国的科创板已经采用了与美国相同的模式，即以信息披露为基础的注册制资本发行。这意味着任何想要上市的公司，都可以在较短的时间内以较为自由的方式进入资本市场，以自由竞争方式获取资本。

如果企业家胸怀大志，那么从企业一出生起，就要开始思考资本市场，开始管理企业的第一商品——股权，做好财务规范和股权规范，最终实现股权从玻璃到钻石的华丽转身。

结　语

经营的金刚圈：未来 10 年必备的经营能力

　　行文至此，本书即将进入尾声。确切地说，本书不是写出来的，而是干出来的，它是从我们 30 余年的人生成败中萃取出来的朴素经营观。

　　我们相信每位读者经历不同，所感所获也各不相同。经常有学员会将本书中所讲的某个工具单独拎出来，导入企业中。但是，我们建议大家不要把这十大模块分开看，而是从经营全局的角度去看。

　　以终为始来看，经营企业的目的是持续实现收入和利润双增长。但是，增长不是来自一个点，而是来自一套系统。一个点有没有可能有增长呢？有，但它不是长期的。只有全面理解经营的系统性和整体性，你才能真正理解可持续的双增长来自哪里。

　　如果企业想通过营销管理做大收入，那么收入直接的增长来源于量，而量来源于兵力和火力。兵力和火力又倒逼企业必须在定价上留出空间。企业想要用户接受高定价，则必须做好战略设计和产品差异化，否则价顶不住。与此同时，兵力和火力不仅仅来源于钱，还来源于组织发展和人才培养。而人才培养只能解决员工的能力问题，企业还必须依靠绩效机制解决动力问题……因此，从本书的任何一个模块切入进去，你都会发现它不是独立存在的，而是靠与其他模块相互支撑，才能真正发挥出巨大的价值。

因此，这十大模块并不是相互割裂的，它们是一以贯之的，最终形成一个完整的闭环，这被我们称为"经营的金刚圈"（见下图）。金刚圈是什么？它取自《西游记》中太上老君打败孙悟空的法器。同样，企业的经营也是一套连环动作，它不是一个动作，而是一环扣一环，最终形成一个完整的循环体系。

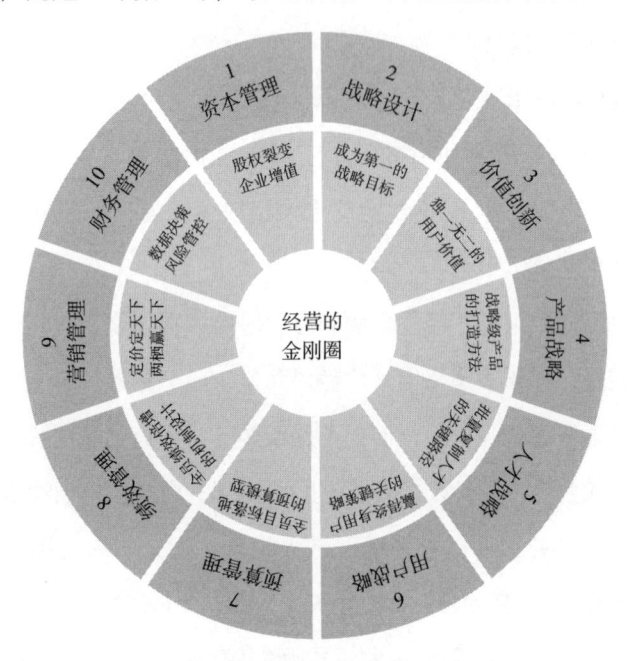

经营的金刚圈模型

这个经营的金刚圈上第一颗珠子是什么？其实是最后一个模块——资本管理。在整个商业世界中，金融是宏观，资本是中观，企业是微观。所以，从一开始，我们就要站在资本的维度看经营，先要把股权这个第一商品管理好，然后再来做产品经营。因此，这个经营的金刚圈的正确逻辑应该如下：资本是一，战略是二，价值是三，产品是四，人才是五，用户是六，预算是七，绩效是八，营销是九，财务是十。

其中，前面9个模块都是因，最终的经营之果是透过财务的三面魔镜折射出来的。到了这一步，整个经营的金刚圈就形成闭环了。其中的逻辑非常严密，环环相扣，步步为营。最终，企业要让这个金刚圈循环往复地转起来，实现螺旋式上升。

经营企业30多年来，我们越来越认识到经营企业必然面临两个循环：要么做对了一系列的决策，企业进入正向循环；要么做错了一个决策，带来了连锁反应，企业进入负向循环。最终，企业要么螺旋式上升，要么螺旋式下降。因此，任何一家企业的成功，都不可能是一个点的成功，也不是一条线的成功，而是多方位、立体式的成功。

那么，是不是企业经营就只有这十大模块呢？并不是。我们不可能穷尽经营管理的所有成功要素，只是以上是企业使用频次较高且必不可少的十大模块。这并不意味着这个金刚圈就是一个绝对完整的经营闭环。实际上，这个闭环还可以再打开、再完善……譬如，这个闭环还可以添加技术、文化、组织裂变……一切都可以重新定义，一切都是对话。

回望过去 30 余年走过的路，我发现商业本质上就是一场修行。也许我们提炼出来的这个小小金刚圈看起来很简单，但是要真正从这条路走到成功的彼岸绝非易事。因为要真正用好这个金刚圈，意味着你要克服人性中的病毒，把贪婪的、自私的、急功近利的、懒惰的人修炼成克制的、利他的、长期主义的奋斗者。推演到最后，商业的成功本质上是人性的成功。只有释放出人性中最美好的那一面：创造力、付出、爱、奉献……最后你才能到达成功的彼岸。

我们一直坚信：商业是人类历史上最伟大的力量。因为企业家用商业的眼光来看待社会问题，用商业的规则去解决社会问题。他们终其一生，投身于一项伟大且长期的事业。他们为爱前行，为使命奋斗，为荣誉而战。

因此，在本书的最后，我们要送给所有人两句话：信，请深信；爱，请深爱。请铭记：企业家是一切的创造。你可以创造奇迹，可以产业报国，也可以造福社会。愿你能坚守自己的理想和使命，唯使命不可负，唯信任不可挡。这就是企业家。